すべての組織は変えられる

好調な企業はなぜ「ヒト」に投資するのか

Koji Asano
麻野 耕司

PHP
Business Shinsho

PHPビジネス新書

はじめに

私がコンサルタントとして訪れた企業は、これまでに百社を超えます。ITインターネット、サービス、流通小売など、業種は実にさまざまですが、それらの企業で、しばしば同じ光景を見てきました。

トップは、「現場が思うように動かない」「うちの会社には覇気がない」といいます。

リーダーは、「メンバーがこちらの意図を汲んでくれない」「うちの部にどうしてもいうことを聞かないやつがいて、困っている」といいます。

メンバーは、「トップは現場のことをわかっていない」「うちの部のリーダーは、部下である自分たちのことをちっとも考えていない」といいます。

トップもリーダーもメンバーも、みな自分の仕事に向き合い、それぞれ責任をまっとうしようとしているにもかかわらず、業績は思うように伸びません。

しかし、ある組織ではリーダーの声掛け一つで、ある組織では会議のやり方一つで、みるみるうちに職場の雰囲気が変わり、業績が回復しました。これまで以上に高度な戦略を立てる手伝いをしたわけではありません。ただ、現場を動かす立場の人の意識を、「戦略」ではなく「ヒト」に向けさせた、それだけです。

具体的な方法は本編で紹介していきますが、そのどれもが多くのリーダーにとって、「そんなことでメンバーの意識や行動が変わるはずないだろう」と思われるものであったことは、間違いありません。みな最初は半信半疑で、なかにはあからさまに反発するリーダーも少なくありませんでした。

しかし、それでも実践したリーダーたちは、最後にはチームを向上させることに成功しました。そして今、弊社リンクアンドモチベーションは、過去にないほどの数の企業から、組織変革に関する相談をいただいています。

サービスや商品の内容だけの勝負では、瞬間的な効果はあっても持続せず、消耗戦を強いられる時代であると、多くの経営者が気づいているのです。トップがこのことに気づき対策を打つことはもちろん重要ですが、実際にその対策を実行するにあたっては、現場を動かすリーダーの取り組みが何より大切な要となります。リーダーが変わらなければ、どれだけ時間やお金をかけても、組織が変わることはありません。

本書では、商品やサービスの差別化やマーケティングの刷新といった「戦略」だけでは他社に勝つことのできない時代における、リーダーの新しい仕事を記します。

各章は、多くの組織が必ず一つは抱えているであろう組織の〝病気〟で構成されており、〝病気〟を治すためにリーダーがやるべきことをまとめています。会社の雰囲気や業績を悪くしたいと望んでいる社員はいません。それなのにうまくいかないのは、組織が風邪をひいているようなものであり、適切な処置を施せば必ず改善することができます。

なかにはリーダーにとって、「なんでこんなことをやらなきゃいけないんだ」と感じるようなこともあると思います。しかし、今うまくいっている好調な企業のリーダーは、多かれ少なかれ本書に挙げるような方策に取り組んでいるに違いありません。

本書の執筆に際しては、組織変革に共に取り組んできたクライアント企業、投資先企業の皆さまに感謝をお伝えしたいと思います。いつも、本気で向き合えば組織や人は変わるのだ、という勇気を私に与えて下さっています。皆さまの存在がなければ、「すべての組織は変えられる」などという大それたタイトルをこの本につけることができませんでした。

そして、私に組織変革のノウハウを教えてくれた先輩方、組織変革に共に挑んできた同じ部門のメンバーの皆さん、応援してくれる家族にも感謝しています。またＰＨＰ研究所の大村まりさんは、本格的な書籍の執筆が初めて、という私に対して、いつもすばらしいヒントを与えて下さいました。

本書が組織が停滞する企業にとって、悩める職場のリーダーにとっての一筋の光になることを祈っています。

二〇一五年八月

株式会社リンクアンドモチベーション　執行役員　麻野　耕司

すべての組織は変えられる◎目次

第1章 戦略至上主義という病

第2章 犯人探しという病

第3章　会議が空回りする病

第4章 「最近の若者は……」という病

第5章 「何回同じことをいわせるの？」という病

第６章 ものさし不在という病

第7章　決断が先送りにされる病

序章

すべての組織は病んでいる

——救えるのはリーダーだ！

今、気鋭の企業が「ヒト」に投資している

◆どんなにすぐれた戦略も、それを動かすのはあくまで人である

経営コンサルティングという言葉に、みなさんはどんなイメージを持っているでしょうか。おそらく、マーケティング、生産、流通、財務などの各分野で緻密《ちみつ》な「戦略」を立て、経営をサポートしていく、というのが、多くの人の描く経営コンサルティングのイメージだと思います。

もちろん、企業にとって戦略は重要です。戦略によって経営は大きく左右されます。すぐれた戦略が会社の伸展を支えてきたのも事実でしょう。

実際、外資系を中心とした大手のコンサルティング会社は、いわゆる〝戦略系〟です。つまり、戦略に軸足を置いたコンサルティングをおこない、成功をおさめてきました。

しかし、時代の波はそうした流れをがらりと変えようとしています。その変化のなかで、コンサルティングにも〝異変〟が起きているのです。

異変にいち早く気づいたのが、手前味噌になりますが私たち「リンクアンドモチベーシ

ョン」でした。早々に気づいたのは、きわめてシンプルなところに目を向けた結果でした。「待てよ、戦略、戦略というけれど、じゃあ、それを動かしていくのは？　どれほどすぐれた戦略があったとしても、どんなに整ったIT環境があっても、それを実行するのはあくまで人であり、社員のモチベーションじゃないのか――？」

リンクアンドモチベーションが立ち上がったのは二〇〇〇年ですが、その思いがそのまま会社の理念にも、方針にもなりました。クライアントに対してのメッセージも、そこに絞って発信したのです。

人、すなわち組織人事のなかでも社員のモチベーションにスポットライトをあてたコンサルティング会社は世界ではじめてだったといっていいと思います。戦略を注視するあまり、「人」や「モチベーション」は盲点になっていたというのが、それまでのコンサルティング業界の実情だったのです。

創業メンバーたちは、現在、日本を代表するような企業へと成長した組織の「組織づくり」をサポートしてきました。

今、私が預かっている部門は中小ベンチャー企業がクライアントの中心ですが、ここでもありがたいことに圧倒的な支持をいただいています。とりわけ、最先端の産業といわれるＩＴ企業、インターネット系ビジネスの企業からの支持は非常に高い。

私はリンクアンドモチベーションが上場する前からこの会社に身を置いていますが、二〇〇三年の入社以来、組織（人）に対する投資、モチベーションに対する投資という流れはどんどん加速してきていると、肌で実感しています。

◆戦略コンサルタントや金融機関では対応できない悩みがあった

私は、二〇一三年からベンチャー投資の分野でも事業を展開しています。

未上場のベンチャー企業に投資して上場まで導くというのがその事業内容です。名だたるベンチャーキャピタルがしのぎを削っている分野ですが、参入してから日が浅いにもかかわらず、ここでも弊社への依頼は引きもきらず、です。

二〇一四年は金融機関も事業会社もベンチャー投資の開始が跡を絶たず、起業家が投資家を投資後に提供してくれるサポート内容で選ぶという状況でした。そのようななかでも、数多くのすばらしいベンチャー企業が弊社と組む決断をしてくれました。時価総額で弊社の二倍の値段を提示した会社もあったなかで決断してくれる企業もありました。

こうした現実が示しているのは、組織の重要性に企業がはっきりと目を向け始めたということだと思います。

その背景にあるのは、過去の「組織づくりの失敗」です。組織づくりがうまくいかずに経営状態が悪化したという、苦い経験を持っている経営者やリーダーは想像以上に多いのです。実体験としてなくても、注意深く潮目を読むリーダーたちは、右を見ても左を見てもそのような企業だらけであることに、気づいているのです。

しかし、コンサルティングの現状は、いまだに戦略に傾いている——。そんななか、「組織で失敗したくない」というニーズに応えられるのは、リンクアンドモチベーションしかなく、弊社が選ばれるのは必然である——といったら、いささか自負が過ぎるでしょうか。しかし、私は真剣にそう考えています。

現在の日本にはインターネット系で大成功をおさめている、メガベンチャーと呼ばれる企業があります。その代表格が株式会社サイバーエージェントというアメーバブログを運営している会社や、プロ野球球団横浜ベイスターズを買収した株式会社ディー・エヌ・エーというゲーム会社です。

両社に共通しているのは、組織をしっかりつくっているということ。事実、トップ同士は対談のなかで、「組織づくりや人材の採用に力を入れてきた」という意味のことを、口をそろえて話されています。

ベンチャー企業がもっとも活躍しているのは、いうまでもなくアメリカです。

その雄であるＧｏｏｇｌｅのエリック・シュミットが二〇一四年に上梓した『Ｈｏｗ Ｇｏｏｇｌｅ Ｗｏｒｋｓ』という本では、タイトルこそ「グーグルはどう働いているか」という趣旨ですが、その実、ほとんどのページが組織や人の採用についての記述に割かれています。

こうしたアメリカ発の〝戦略から人へ〟という潮流は、すでに日本に上陸し、その勢いを増すばかりなのです。

モノ（事業）、カネ（財務）ではなく、ヒト（組織）で勝負が決まる時代

◆商品市場はソフト化、短サイクル化

企業は大きく分けて二つの市場での活動を求められます。一つは商品市場、もう一つは

「商品市場の変化（ソフト化）」

産業全体における第三次産業の比率推移

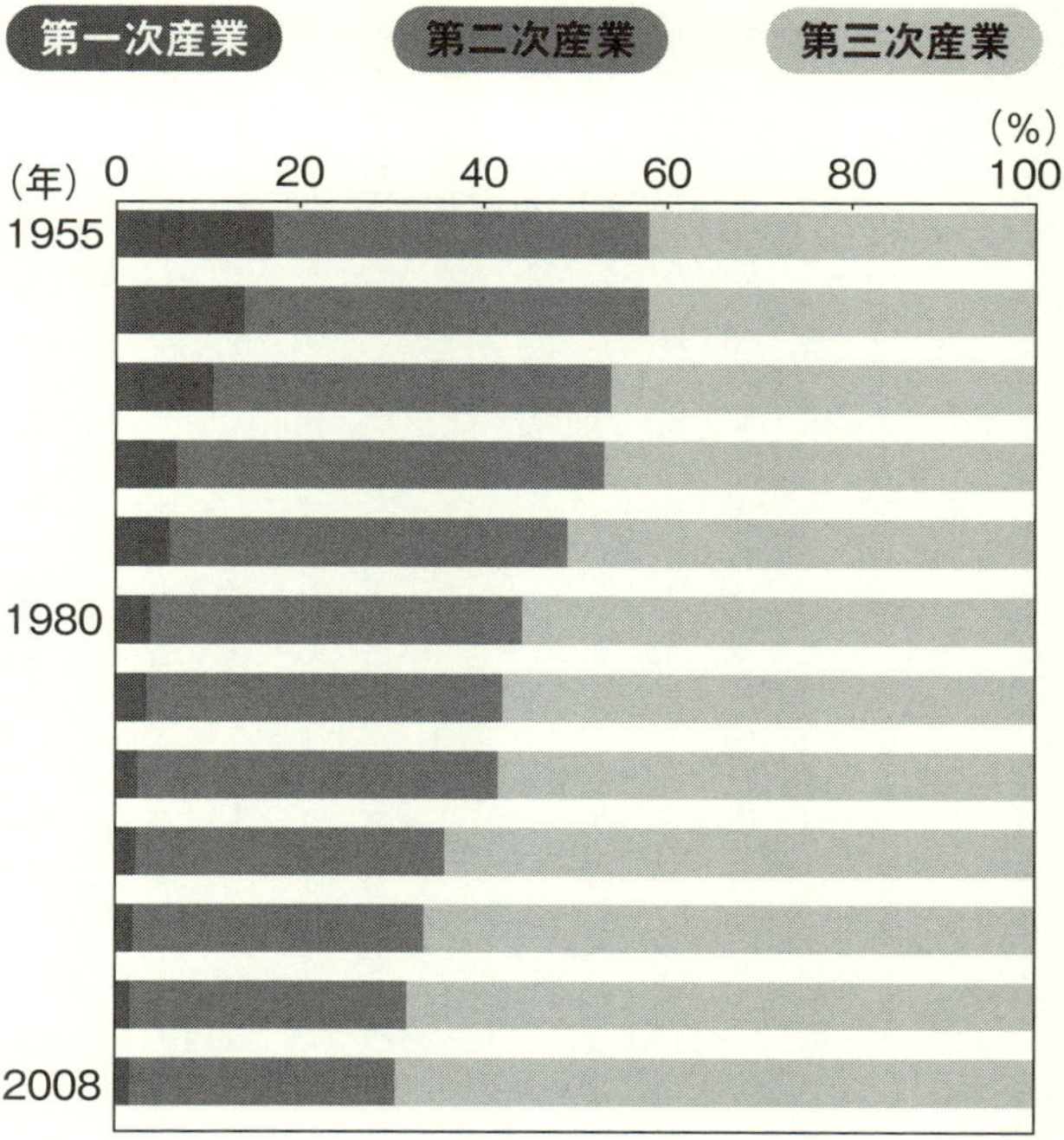

出典：厚生労働省　平成22年版「労働経済の分析―産業社会の変化と雇用・賃金の動向」

労働市場です。商品市場はいかにして顧客に自社商品を選んでもらうかを競う場、労働市場はどのようにして人材に自社を選択してもらうかを競う場です。

この二つの市場は双方とも、大きな構造的変化を遂げています。

商品市場に見られる変化の一つ目はソフト化です。現在、日本の産業全体を見わたすと、その半分以上を第三次産業、すなわちサービス系の産業が占めています。かつては第一次産業（農林水産業）、次いで第二次産業（製造業）が引っ張ってきた日本を、今は第三次産業が牽引しています。

そこで起きているのが、商品のハードからソフトへの変化です。ハード（モノ）を提供するときには設備がもっとも大事になります。その設備を整えるためにはお金が必要。つまり、資金を調達できるかどうかが、企業にとっての生命線になっていたわけです。

ところが、ソフトを商品とする場合には設備は要りません。たとえば、サービスにしても、ゲームソフトにしても、パソコン上で創り出せる。設備ではなく、魅力的なソフト商品の創り手（人材）が、企業の命運を握っているのです。

商品市場で起きているもう一つの変化は短サイクル化です。今は商品寿命がきわめて短い。多くの顧客を獲得したヒット商品もあっという間に顧客に飽きられ、陳腐化してしまいます。ＳＮＳ（ソーシャル・ネットワーキング・サービス）の分野を例に挙げれば、七～八年前の日本では多くの人がミクシィを利用していましたが、現在ではトップシェアの座をＦａｃｅｂｏｏｋにとって代わられています。

しかし、そのミクシィはソーシャルゲームで大ヒットを飛ばし、それまでソーシャルゲームのメインプレーヤーであったディー・エヌ・エーやグリーを時価総額で抜き去るほどの成長をたった一年で遂げました。ヒット商品の多くが、これほどまでの短期サイクルで入れ替わる。もはや、一つのヒット商品に胡座《あぐら》をかいていられる時代ではありません。ヒット商品の優位性は長続きしなくなっています。

商品の短サイクル化という市場の環境変化のなかで要求されるのは、次々にヒット商品を生み出し続けることです。それができる組織をつくることが、企業にとって最重要課題となっているといっていいでしょう。

商品市場のソフト化と短サイクル化によって、企業にとって労働市場で勝ち抜くことの重要性が高まっているのです。

◆労働市場は流動化、多様化

労働市場に目を向けると、そこで起きていることの一つは、流動化です。日本の企業が終身雇用、年功序列というパラダイムのなかで動いていた時代の労働市場は、固定化していました。一度採用した人材はその企業内で定年まで勤めあげ、それなりの退職金を得るというのが一般的だったわけです。

しかし、現在は転職インフラが発達したことなどもあって、人材の動きは流動化しています。「この会社は自分に向いていないな」「この仕事はつまらないな」と感じたら、退職して、別の会社を探すということが当たり前のようになっています。

流動化がもっとも顕著なのが、IT、インターネット業界でしょう。技術を持っているエンジニア、プログラマーの転職率は高い。一時期、ソーシャルゲームが大流行したことがありましたが、その際には大手のゲーム会社がエンジニアを奪い合い、超がつくほどの高額所得提示合戦の様相を呈しました。新卒者に対しても年収一〇〇〇万円といった椀飯振る舞いも珍しくはなかったのです。その過熱ぶりは今も記憶に新しいところです。

もう一つの変化は価値観の多様化です。一昔前、働く人のモチベーションの源泉は給与

「労働市場の変化（流動化）」

年間転職者数 推移

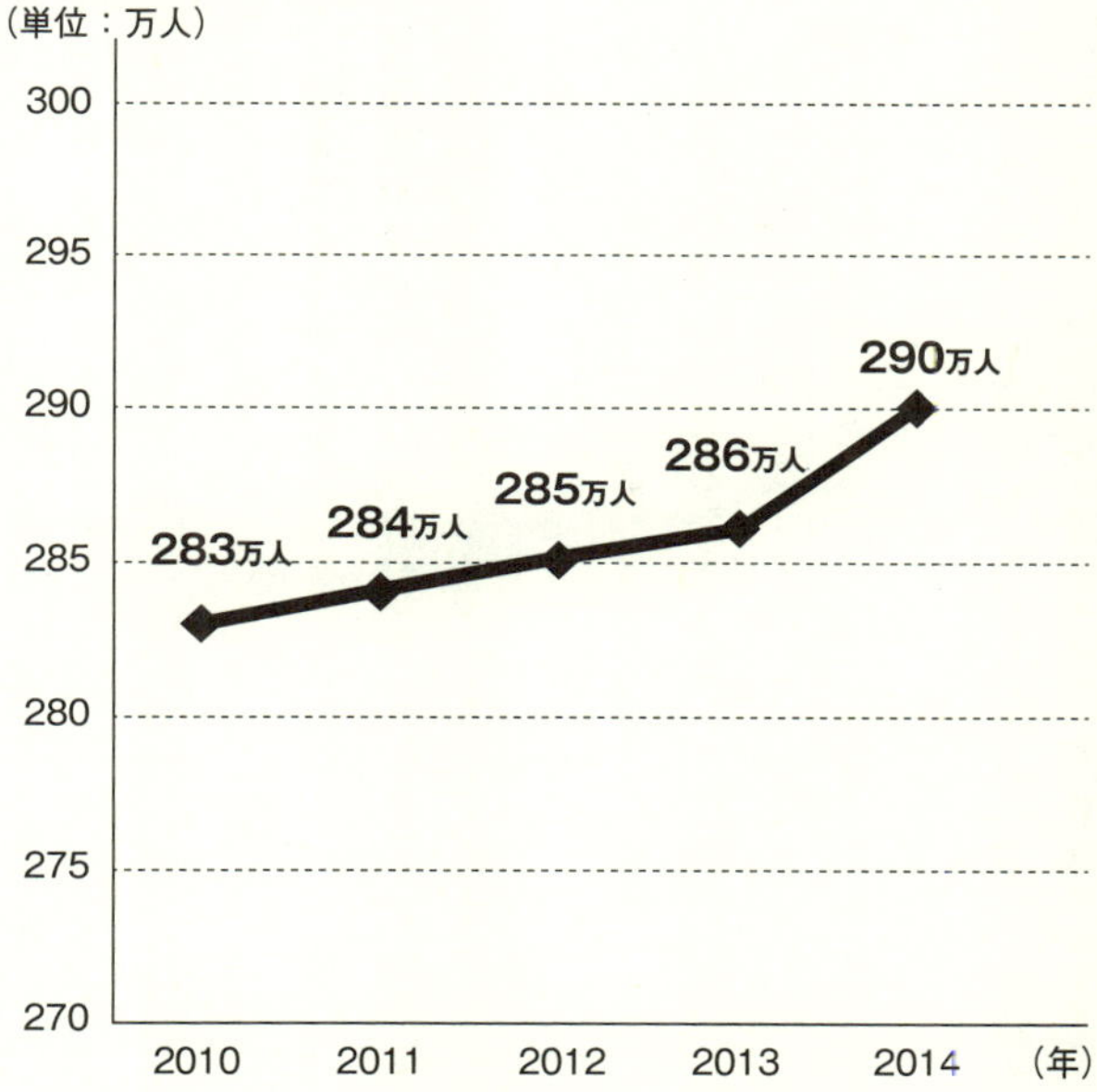

出典：総務省統計局　平成26年「労働力調査」をもとに作成

とポストでした。まだ物質的に豊かではなかった時代、人びとは必死で物を求めました。三種の神器という言葉があったように、テレビ、冷蔵庫、洗濯機が夢の商品となり、それを手に入れるために、少しでも高い給与が欲しい、いいポストに就きたい、と考えていた時代がありました。

しかし、物質的に満たされている今は求めるものが違ってきています。給与やポストではなく、仕事のやりがい、自己成長といったものに目が転じている。単に給与を上げる、ポストを与えるということだけでは、モチベーションは上がりません。仕事にやりがいを感じる、自分が成長していることが実感できる、ということが、モチベーションのマネジメントにおいて必要不可欠になってきているのです。

そして、それらを提供できるかどうかが、労働市場での勝負を決めます。つまり、いい人材を集められるかどうかを決するのです。

労働市場の流動化と多様化によって、企業にとって労働市場で勝ち抜く難易度が高まっているのです。

企業が向かうべき方向は明らかです。労働市場でも勝ち抜く――そのための組織づくり、人材獲得に力を注ぐべき時代がきています。

すべての組織は病んでいる

◆後手後手に回ってきた「組織のつくり方」

これまで百社を超える企業にアドバイスをしてきたなかで、私が強く実感していることが一つあります。「すべての組織は病んでいる」というのがそれです。とにかく、経営的に問題がある企業は組織がうまくいっていない。

誤解を恐れずにいえば、多くの企業で、仕事のやりがいが感じられない、組織のめざす方向性が見えない、上司とうまくいっていないといったことで社員が苦しんでいます。規模の小さな組織、たとえば一〇人くらいの部や課でも、その構図は変わりません。

私たちの仕事はその〝病んだ組織〟を人事制度の改定、企業理念の浸透、社内コミュニケーションの充実など、さまざまなアプローチで立て直すことですが、そのとき何がもっとも効き目のある処方箋だと思いますか？

答えは、「職場のリーダーが変わること」です。

これまでほとんどの組織でリーダーに就いてきたのは、自分が所属している部門で実績をあげた人たちです。営業にしろ、企画にしろ、開発にしろ、その部門で凄腕のプレーヤーであった人たちが長になるケースが多く見られました。もちろん、彼らが能力を持っていることは確かでしょう。

しかし、その能力は、リーダーとして組織を束ねる能力とはおのずから異なります。組織づくりはそれらの仕事とはまったく別物です。

もっとも、そのことに気づいていなかったのは、何もリーダーたちだけではありません。企業全体としてわかっていなかったので、この状況が長く続いてきました。

組織づくりについての〝教育〟は、おこなわれてこなかったといっていいと思います。組織とは何か？　組織はどうつくるべきか？……といったことに、企業はこれまであまりに無頓着であったという言い方もできるかもしれません。

書店にはビジネス関連の書籍がこれでもかというくらい並んでいますが、マーケティング関連、ファイナンス関連の本が多種多彩なのに比べて、組織に関するものは数少ないという事実は、それを証明するものといっていいと思います。

しかし今、リーダーにとって喫緊の課題は、組織をどうつくるかなのです。

◆リーダーに必要なのは資質ではなく、スキル

みなさんはこんなふうに思っているかもしれません。

「リーダーが変われば組織が変わるというのはわかるけれど、リーダーの資質の多くは生まれ持ってのものではないのか？　性格がいいとか、カリスマ性があるとか……。それがない人間は、リーダーをやる資格がないってこと？」

しかし、リーダーがいい組織をつくっていく、そしてそれをうまく機能させる、上手に運営していくうえで必要なのは、先天的な性格や才能などではありません。

断言しましょう。リーダーとしての「スキル」があるかないか、リーダーに問われるのはその一点だけです。

前項で組織づくりについて〝教育〟という表現を使ったのは、ここに理由があります。人柄や人望とは違って、スキルは教育によって身につけることができる。つまり、教育を受けみずからが学べば、リーダーたるにふさわしい存在になれるのです。

ここで、私自身の苦い体験についてお話しします。

実は私も、組織づくりということでは非常に痛い目に遭っています。弊社代表の小笹芳

央との、あるミーティングでのことです。

「おまえ、かなり、人気ないなぁ」

開口一番、代表の口から出てきたのがその言葉でした。

弊社では組織に対して「仕事満足度」「職場満足度」「上司満足度」……などのサーベイ（アンケート調査）をおこない、五段階の評価付けをしています。

代表にそういいながら示されたスコアを見て、私は愕然としました。

仕事満足度四・三、職場満足度四・四といった数字が並ぶなかで、なんと、上司満足度は二・八とあったのです。格段の低さでした。

「人気ないなぁ」は、誇張でもなんでもなく、きわめてまっとうな評価でした。

青ざめました。

「なんやこれ、俺がいてへんかったら、よくなるいうことやん……」

正直、リーダーとしての自分に自信があっただけに、ショックでした。

リンクアンドモチベーションに入社して最初の六年間は管理本部に籍を置き、上場の準備やM&A、IR（投資家に対する広報活動）などの仕事をしていた私は、バリバリの戦略至上主義者でした。その姿勢をそのまま新たな職場にも持ち込んだのですが、これが手ひどいしっぺ返しを食らう結果となったわけです。

私の姿勢は部下からの反発を生み、総スカンを食らいました。私のチームの業績は下がり、二〇人ほどいた部下は次々に辞めて最後は五人になりました。追い詰められるなかで、腹を括るしかありませんでした。

私は代表から学んだことを一つひとつ思い起こし、戦略至上主義を捨てて、部下と正面から向き合うことにしたのです。部下の前で宣言もしました。

「あと半年、このまま業績が上がらなかったら、責任をとって辞めようと思っている。それまでの間、俺にいいたいことがあったら、いって欲しい。何でも受け止めるつもりでいるから……」

最初は目立ったリアクションはありませんでしたが、しだいに声があがるようになりました。内容はきついものでした。

「ミーティングのとき、私たちのいうことを聞いていない」

「部下の気持ちをわかっていない」

「僕たちは麻野さんのコマじゃない」

どれも耳の痛いものでしたが、背水の陣を敷いている身としては受け入れるしかありません。私はできるかぎり彼らの声に耳を傾け、自らの姿勢を改めていきました。

するとそこから組織が徐々に変わり始めました。そして三年ほど経った今、収益は五倍、部下の数も五〇人ほどにまで増えました。


職場のリーダーが変われば、組織も変わり、業績が上がる。これはリンクアンドモチベーションがおこなうコンサルティングの基本であり、私とメンバーたちが現場で、実際に体験したことでもあるのです。

その「誰でも習得可能なリーダーのスキル」について、多くの組織がそのいずれかに当てはまるであろうさまざまな「組織病」を解決する方法とともに、次章から詳しく展開していきたいと思います。

第1章

戦略至上主義という病

すべてのビジネスモデルや事業戦略がコモディティ化する

◆戦略だけでは差別化できない時代

企業にとっての最大の強みは、ビジネスモデルや事業戦略の斬新性、あるいは独自性にあると思います。もちろん、顧客に受け入れられるという条件付きですが、ビジネスモデルが他社を寄せつけないほど斬新であったら、あるいは事業戦略が圧倒的に独自性に富んだものなら、その企業は一歩も二歩も抜きん出ることができるでしょう。

しかし、情報化社会の進化、進展にともなって、それだけでは永続的な競争優位性を築くことが難しくなっています。ビジネスモデルも事業戦略も、すぐに競合他社に〝真似〟されるからです。言葉を換えれば、どんなビジネスモデルも事業戦略もコモディティ化（一般化）するということです。

インターネット業界などはその好例です。ある会社がソーシャルゲームを手がけ、それが流行《はや》ったとなると、間髪容れずに何社もが同じタイプのゲームを引っ提げて参入してくる。斬新なゲームもたちまちありふれてしまうのです。

ビジネスモデルや事業戦略だけでは差別化できない。それが今の時代です。差別化のカギは人に、そして、その集団である組織にあります。実例を挙げましょう。

みなさんはフラッシュマーケティングサイトというのをご存じでしょうか。共同購入システムで、特典の付いたクーポンを販売するサイトですが、現在、この分野でトップを走っているのは、最初にそれを手がけた企業ではなく、後発の企業です。

あとから参入しながら他を抜き去っていった理由は色々と挙げられますが、その大きな原動力の一つが、組織のパワーであったことは疑いようがありません。同じサービス内容であったら、顧客は〝より自分たちに合った心配りのあるサービス〟を選択します。それを提供できるのは「人」でしょう。

組織のパワーとは、つまるところ、人のパワーの結集です。戦略を人がどう実行するか。その実行の〝できばえ〟によって、勝敗は決するのです。

◆「何をやるか」ではなく「誰がやるか」で勝負が決まる時代

私が直接かかわったなかで印象に残っているのは、ファッションのＥＣ（インターネット上での商品販売）サイトをやっている会社です。

サイトを立ち上げた当初、財閥系の総合商社の子会社が強力な競合会社として立ちはだかっていました。資本力からいっても、到底、勝ち目はない。そのような状況でした。

ところが、大番狂わせが起こります。同社が圧倒的に勝利したのです。

勝敗を分けたものは何か。答えは人です。

そもそもネット上で洋服を売るというビジネスには、弱点があると考えられていました。試着はできないし、色の具合も画面ではよくわからない。「ネットで服なんか売れっこない」というのが、アパレルブランドの判断でした。

事実、商品提供を申し入れても難色を示すブランドがほとんどでした。競合会社の営業パーソンはそこでスゴスゴと引き下がりました。しかし、同社の営業は違いました。断られても、断られても、メーカーやショップに足繁く通い、自分がいかにそのブランドを気に入っているかを語り、だからこそどうしても商品を提供して欲しいのだ、と訴え続けたのです。

そして、その熱意が伝わったのです。大手セレクトショップが商品提供に応じました。それが大番狂わせへの確かな一歩となったことはいうまでもないでしょう。

その間の経緯を見ていて、私は「何をやるか」ではなく、「誰がやるか」によって差別化が図られるのだということを確信しました。ネット上で洋服を売るということ（何をやるか）では、競合会社も同社も変わりません。しかし、熱意が伝わるかどうかは誰がやるかによって、大きく違ってきます。

そこで差別化が起こる。現在、同社はファッションを手がけるＥＣでは他の追随を許さない位置をキープし続けています。しかし、熱意に少しの陰りもありません。顧客から注文が来ると、その一つひとつを社員が自分自身の手で包装して送るという、創業以来のやり方を守り続けている。

規模が大きくなれば、「包装なんか外注でやればいい」ということになりがちです。しかし、同社はそれをしません。そうした易きに流れる傾向を、持ち続けている熱意が、人の思いが、押し返しているというのを強く感じます。

勘定ではなく感情がビジネスの成否を分かつ

◆人間は限定合理的な生き物である

戦略はいうまでもなく、成果をあげるために立てられます。その間の流れはこうです。リーダーが戦略を立てる→メンバーがその戦略に沿って行動する→成果がもたらされる。構図としては単純ですが、その単純さのなかにじつはリーダーが陥りやすい落とし穴がひそんでいます。

リーダーはこう考えます。「自分が立てた戦略が一〇〇であれば、その一〇〇をそのままメンバーが行動に移し、一〇〇の成果につながっていく」。しかし、実際にはそうはいきません。完璧な戦略を立てたはずなのに、成果がそれについてこないのです。

一〇〇の戦略を立てても、部下の動きは鈍く、せいぜい五〇。それにともなって、成果も五〇……。こんな経験がありませんか？　このようなことが起こる背景には、リーダーが決定的に見落としていることがあるのです。

それは、行動するメンバーには「感情」がある、ということです。

「成果に影響を及ぼすものとは？」

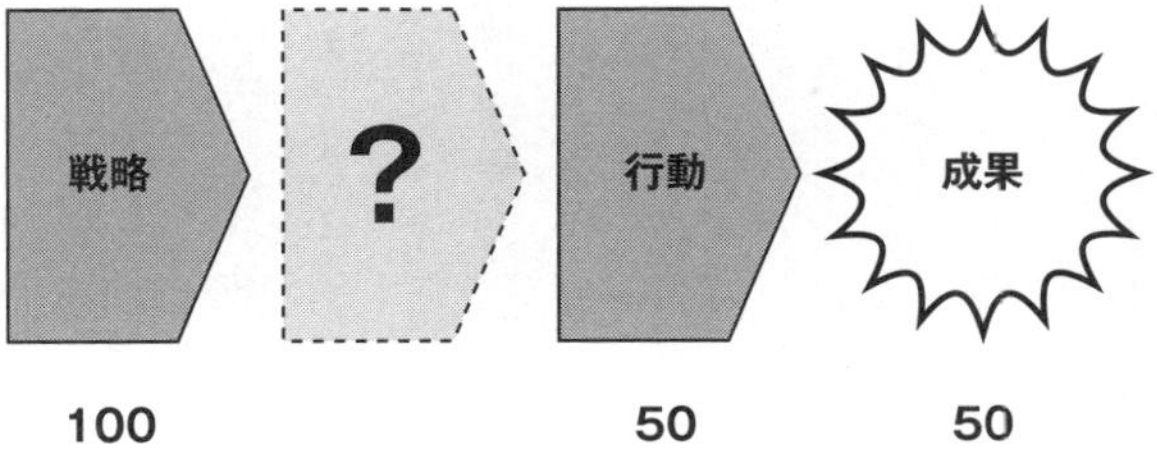

感情とは、たとえば、リーダーが立てた戦略に「取り組む理由がわからない」とか、「どうせうまくいかないだろう」といった思いです。そうした感情は行動に影響を与えずにはいません。共感できなければ、一〇〇であるはずの行動の中身が五〇どころか四〇になることもあるし、やる気がしなければ、それが三〇になることもあるわけです。

そうなったら、当然、リーダーの思惑は外れます。戦略は一〇〇でも行動が三〇なら、一〇〇の成果が出るはずがない。しかし、感情を見落としているリーダーにはそのことが理解できません。

そこで、「なぜ、戦略どおりに行動できないのだ！」「給料をもらっているのに何故いわれたとおりにやらないんだ!」と闇雲にメンバーを責めることになったりするのです。その結果、感情はさらにマイナスに振れて、三〇が二〇にもなってしまう。

人間は合理性だけで動くのではありません。感情が行動に影響を与える限定合理的な〝感情人〟なのです。その考え方はすでに経済学の領域では取り入れられています。二〇〇二年にアメリカのダニエル・カーネマンという経済学者がノーベル経済学賞を受賞しましたが、評価の対象となったのは彼が研究していた行動経済学という学問でした。

経済学ではもともと人間を完全合理的な存在として扱っていました。つまり、人間の行動を支配しているのはあくまで合理性であり、たとえば、二つの選択肢があった場合、誰もがより自分の利益になるほう、合理性の高いほうを選んで行動すると考えられていたわけです。

カーネマンはその従来の経済学に心理学を持ち込み、人間は心理、すなわち感情によって行動が左右されるとする、行動経済学を提唱したのです。

人間に対するこの見方は経済学だけではなく、経営の分野でも取り入れる必要がある、と私たちは考えています。具体的には、人間が限定合理的な感情を持つ生き物であるということを踏まえて、経営においても、感情に働きかけるという手法を駆使しなければならないということです。とりわけ、今の、これからのリーダーには、それが好むと好まざるとにかかわらず求められます。

◆人の感情が多様化、複雑化している

人間を行動に導くうえで感情は重要なファクターです。しかし、感情は多様化、複雑化しています。そこに、感情への働きかけ方の難しさ、わかりやすくいえば、リーダーシップの発揮の仕方の難しさがあります。

かつては、前にお話ししたように、高い給与やポストを誰もが求めていました。感情を動かすにはそこに働きかけるのがもっとも有効だったわけです。金銭報酬、地位報酬によって、人の感情は動き、行動につながったのです。

しかし、今は給与やポストだけでは感情は動きません。その仕事が自分にとってやりがいがあるか、顧客を喜ばせることができるか、社会の役に立つのか……。そうした多様で複雑な感情を多くの人が持っています。個々人で差はあっても、仕事に意味を求めているといっていいと思います。その意味に応えるもの、いってみれば意味報酬があるかどうか

が重要なのです。

意味報酬が得られると感じれば、感情が動いて、行動に移っていく。ただし、意味報酬の中身は一人ひとりで違います。そのため、リーダーにはそれぞれが求めている意味報酬を見きわめ、それに応えていくことが必要になります。

それができるかできないかで、ビジネスの成否も決まります。先に紹介したファッションのECサイトの成功も、感情への働きかけが功を奏し、全員が意味報酬を得られると感じ、高い士気をもって行動したからこそあった、といっていいのではないでしょうか。


さらにいえば、感情への有効な働きかけができれば、一〇〇の戦略が一〇〇以上の成果をもたらすこともあるでしょう。感情は行動の導火線ですから、そこが熱く、勢いよく燃えさかれば、想定以上の行動にもつながっていくからです。

リーダーの戦略をよく理解し、揺るぎない共感を持ったスタッフが、行動の現場でさまざまな工夫を凝らす。あるいは、連携した行動で相乗効果を生み出す。それは、一〇〇の行動を一二〇にも一三〇にも引き上げると思うのです。

そうなったら、もたらされる成果も当然、一〇〇をはるかに超えるものになるはずで

「感情が成果に大きな影響を及ぼす」

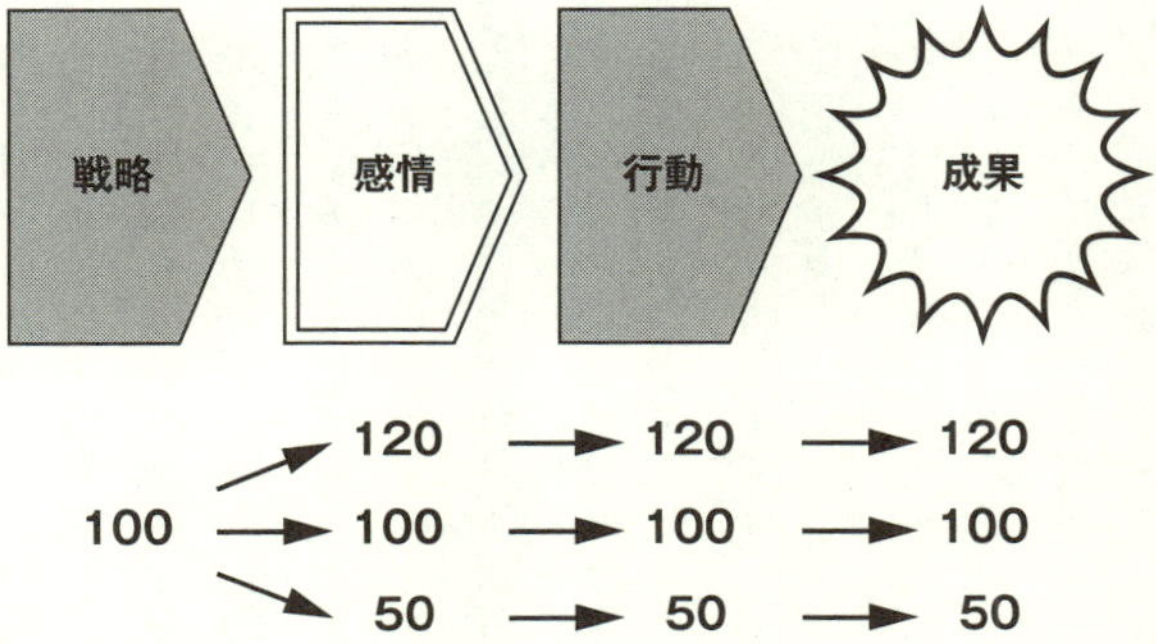

す。人は戦略によって動くのではありません。現場で人を動かすのは感情の在り様です。そして、感情のいかんによって戦略を超える行動も生み出される。このことをもう一度、じっくりと噛みしめる必要があります。

リーダーが感情を動かすには？

◆「何が正しいか？」ではなく「どうすればうまくいくか？」に着目

どのようにしてメンバーの感情を動かしていくか、気持ちを変えていくか。リーダーが力を注ぐべきポイントはそこにあります。しかし、人の感情や気持ちはけっこう頑な、そういって悪ければ、一途です。おいそれと変わるものではありません。

大切なのは、正しい手順を踏むことです。

私たちは「態度変容の3ステップ」と呼んでいますが、そのためのスキルがあります。これはクルト・レヴィンという心理学者の理論をベースにしたものです。

まず、四角い氷を思い浮かべてください。それを丸い形に変えようとするとき、さて、どうしますか？　アイスピックを使うという力ワザでは、なかなか思うような丸い形にはなりませんし、へたをすれば氷が割れてしまいます。

綺麗な丸い形にするには次の手順を踏むことです。まず、四角い氷をいったん溶かして水にする（解凍＝アンフリーズ）。次に、その水を丸い容器に入れる（変化＝チェンジ）。そして、再び冷やして氷にする（再凍結＝リフリーズ）。こうすれば、四角い氷はみごとに丸い氷に変わります。

人の気持ちも同じです。しかし、ともすると、リーダーは「変化」させようとするところから入ってしまう。アイスピックでガンガンいくわけです。

「また、仕事を先送りしたのか！　いつまでそんなことをやっているんだ？　変わらなきゃダメだろ、変わらなきゃ！」

という具合です。これでは気持ちが壊れます。心理的抵抗感が前面に出てきます。白状すると、代表の小笹に「人気ないなぁ」の評価を下されたときの私が、まさにこのタイプでした。「何でこれをやらないんだ」「あれをやらなきゃダメだろう」を連発していたのです。結果はすでにみなさんがご存じの通り、部下から総スカンを食らいました。

人の行動を変えたいなら、まず気持ちを溶かすことから始めるべきです。私たちはそれを「相互不信を解く」とか、「過去慣性を解く」と呼んでいますが、けっして難しい手法ではありません。相手への理解を示す、共感をあらわす、といったものがそれです。「なんだ、そんなことか」と思われるかもしれませんが、その効果は絶大です。

理解や共感のためには、相手の話を聞くことが前提になります。私はこれができていませんでした。部下との対話では一方的に戦略を語り、指示命令を下す、というところに大きく偏っていたのです。相手の話を聞いて、なおかつ理解して、共感する。しばらくの間、私はそのことに徹しました。

「最近はどう？　どんなことを考えてる？」

そんな問いかけをして、相手に胸の内を語ってもらう。そして、

「感情を動かすためのステップ」

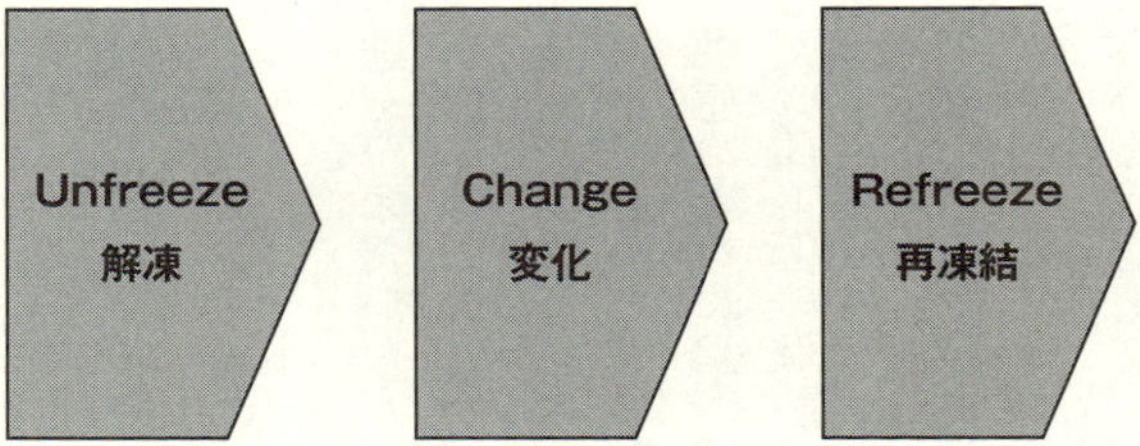

・相互不信を解く
・期待感を醸成する

・共感を引き出す
・納得感を醸成する

・仕組み化する
・変化を実感させる

「そうか、そんなふうに考えていたのか。気づかなかったけれど、けっこう深いことを考えていたんだな。確かにそこはもう少し考える必要があるね」

理解と共感は対話の空気を変えます。理解も共感も〝相互作用〟ですから、こちらが相手を理解すれば、相手もこちらを理解してくれるようになります。共感を示せば、共感が返ってくるということです。双方の不信感が払拭されます。

実際、それまでいくら力んで語っても理解してもらえなかった戦略も、相手の気持ちを溶かす、つまり、相互不信を解くという過程を踏むことで、すべて理解してもらえるようになりました。

過去慣性を解くという表現は少しわかりにくいかもしれませんが、過去慣性とは、人には「それまでのやり方を踏襲したい、それでよいはずだ」という気持ちがあるということ、心理学的にいえば、現状維持バイアスがあるということです。

これが変化の妨げになります。たとえば、ずっと続けてきて一定の成果をあげていた仕事のやり方があるとします。すると、もっと成果があがるかもしれない新たなやり方が浮上してきても、なかなかそちらをとることができません。新たなことに取り組むことのマイナス面が必要以上に評価されて、現状にとどまるほうを選んでしまうわけです。

この過去慣性を解くためには、現状の危機感を自分で認識する、そして、その危機から脱するための方法を自分で考える（自主性）、ということが重要です。

次項で実例を挙げながら、もう少し説明します。

◆感謝と謝罪の驚くべき効果

ＳＥＯ（Search Engine Optimization）という業種があります。ユーザーがインターネットのサーチエンジンであるキーワードを検索したとき、自分のサイトが検索順位の上位にランクされるように、必要な技術やサービスを提供するものです。

私は、あるSEO企業の組織変革をサポートしたことがあります。そのときの問題点は、社内にどうしても変わらない部署が一つあるということでした。話を聞いていくと、その部署の現場のメンバーがリーダーの方針変更や目標設定に納得していないことがわかりました。

最初のアプローチとしておこなったのは、方針変更や目標設定に対する徹底的な説明です。なぜ、方針を変更するにいたったのか、どんな理由からその目標を設定したのか、質疑応答も含め、リーダーが細部にまでわたって説明したのです。

しかし、それだけでは不十分でした。リーダーと現場メンバーの相互不信を解くというところまではいかなかったのです。そんななか、サポートのためのミーティングを重ねているときに出てきたのが、二つのキーワードでした。

感謝と謝罪。

考えてみれば、人間関係のもっとも根底にあるのはこの二つです。感謝と謝罪が率直にできてこそ、人間関係はスムーズなものになるし、たとえ不信感があったとしても、それが消えて相互の信頼が生まれます。

リーダーに尋ねると、感謝と謝罪については、それまでまったく気にもしたことがなかったとのこと。どちらかといえば、「俺のいうことを聞いていればいい」というタイプ、強権的なリーダーだったのです。

ここは宗旨替えが必要です。リーダーにはメンバーの一人ひとりと対話の場を設け、感謝と謝罪を口にしてもらいました。

「今まで説明が足りなかった。納得感がないまま仕事をさせて悪かったな。そんななかでもよくがんばってくれたよ。それはほんとうにありがたいと思っているんだ」

わざとらしい、と思うでしょうか？　ところが、メンバーは例外なく驚いたといいます。ある部下は、涙も見せました。強権を持って君臨していたリーダーから、感謝と謝罪の言葉が出てくるなどとは想像もしていなかったからです。その意外性、インパクトが、相手の気持ちを変えました。メンバーたちの対応は次のようなものでした。

「こちらこそ、文句ばかりいって、申し訳なかったです。〇〇さんがそこまでいってくれるのなら、私たちも一肌脱いでがんばります」

感謝や謝罪は軽んじられているところがないでしょうか。というより、リーダーの立場にあると、部下に対してそれらを口にすることに、どこか抵抗感があるかもしれません。しかし、この例が示すように、感謝や謝罪は不信感で凍りついた気持ちを一気に溶かしてしまうといってもいいのです。

部下に対して、感謝や謝罪の気持ちが微塵もないということはないでしょう。嘘をつけといっているのではなく、一つくらい思い当たるその部分を口に出せばいいのです。

感謝と謝罪、リーダーにはぜひ携えておいて欲しい言葉のツールです。

◆反発を受けてもフォローできる

過去慣性を解くということではこんな例があります。ある大手メーカーの話です。業界が熾烈《しれつ》な競争を繰り広げている真っ直中《まっただなか》にあって、この会社は苦戦を強いられていました。巻き返しのためにトップが打ち出したのは、経営方針の変革でした。

それまでの営業はとにかく販売店に商品を押し込むというものでした。業界では常識のようですが、リベートなども飛び交っていました。しかし、もはやそんな時代ではない、もっと顧客を見て、顧客に合った売場づくりを販売店に提案していく。そういった方向に舵をきろうじゃないか、というのがトップの意向だったのです。

そして、それを通達しました。明らかに変化から入った格好です。案の定、営業サイドは猛反発しました。従来型の営業をそこまで変えたら、売れるわけがないだろう、というのが共通する声だったのです。

そこでおこなったのが、全国を回ってひたすら現場の声を聞くことでした。

「これからうちの会社はどうしていけばいいと思いますか？」

自分がそう問われると当事者意識が生まれます。漠然としか捉えられていなかった危機感が、はっきりと認識されるといってもいいでしょう。それが、自発性のバネになる。過去慣性が解かれるのです。

現場からそれぞれ自分で考えた提案があがってくるようになった。それらをまとめる形で、明確なコンセプトがつくられました。〝自発性から生まれたコンセプト〟ですから、現場に抵抗感はありません。どんどん実現されていきました。

現場の意識がどれほど変わったかがわかる例があります。スーパーでの商品の置き場所の呼び名を変えたのです。通常は「売り場」と呼ばれますが、現場から、

「売り場というのは私たち売り手の目線。しかし、考えなければいけないのは、お客さんにどうしたら買っていただけるか、どんなふうに置けば買いやすいか、ということでしょう。だったら、買い手の目線に重点を置いた買い場と呼ぶべきでは？」

という声があがり、これが採用されたのです。お客様の視点に立って見ることを自然に

実現させる、巧妙なネーミングでした。
過去慣性から解き放たれたことで、出てきた発想だといえるでしょう。

第2章

犯人探しという病

すべての組織で犯人探しがおこなわれている

◆「誰が悪いか？」という問いの不毛さ

みなさんは、問題を抱えた組織に存在している共通点が何かわかりますか？

それは、問題の原因となっている〝誰か〟を突きとめようとすること、つまり、犯人探しをおこなっているということです。

たとえば、会社でも一つの部署でも、ある組織を改革するとき、話を聞いていると必ず出てくるのが〝誰か〟についての言及です。

「実は〇〇がいわれたことをやらない。そうそう、△△も今ちょっとやる気を失った感じになっている」

「あいつさえ足を引っ張らなければいいんだがな……」

リーダーはこのようにメンバーの話をしますし、逆にメンバーからは決まったようにリーダーの話が出ます。

「リーダーがこれこれこんなふうだから困るんです」

「リーダーがもう少しこんなふうだといいのですが……」

槍玉にあげられた人が組織の問題の元凶、犯人と目されているわけです。しかし、犯人を特定してみたところで、組織の問題は解決しません。それによって組織を立て直すことができるわけでもありません。

コンサルティングを始めるにあたって、私が経営者やリーダーに投げかけるのは次のような質問です。

「なぜ、現場はこれほど柔軟性がないんだろう、と思っていませんか？」

「現場にはスピード感が足りない、と感じていませんか？」

一方、現場の人たちに対してはこんな質問をします。

「上の人間（経営者やリーダー）は、いうことがコロコロ変わる、と思っていませんか？」

「現場の状況もわからずにやたらに指示を変える、と思っているでしょう？」

判で押したようにどの質問にも「YES」が返ってきます。それぞれが、柔軟性がないスピード不足の現場が、また、朝令暮改の現場知らずのトップやリーダーが、犯人だと信じて疑いません。

しかし、そこにほんとうの犯人はいません。探しても意味がないのです。

トップやリーダーと現場の人たちとのそうした思いの差はどこから生まれているのでしょうか？　それは、立場や役割の違いです。

たとえば、トップやリーダーは、中長期的な視点で現状からゴール（目標）までを捉え、戦略を決定します。しかし、ビジネスは生きものですから、現状はつねに変わる可能性があるわけです。現状が変わったら、戦略にも修正や練り直しが必要になります。そこで、それをおこなう。これが現場からすると〝コロコロ変わる〟と見えるのです。

一方、現場は、今日何をやるか、明日何をするか、ということを考えますから、視点は短期的なものになります。当初の戦略に沿ってやるべきことをやるという感覚です。そこに戦略の変更が伝えられても、すぐには対応できません。経営者やリーダーにはそんな現場が、〝柔軟性がない〟〝スピード感が足りない〟と映るのです。

この齟齬《そご》は、おたがいがそれぞれの立場、役割にとどまっていたのでは、埋めることができません。おたがいに理解し合えない、納得できない、という経営者やリーダーと現場との関係はいつまでも続きます。

必要なのは、ときにおたがいの立場、役割を入れ替えて見てみること。経営者やリーダーは短期的な視点で、つまり、目の前の仕事をコツコツ積み上げていかなければならない現場の目で、逆に現場は長中期的な視点で、現状の変化に対応しながら、いかにゴールにたどり着くかを考える経営者やリーダーの目で、状況を眺めてみるのです。

すると、「その立場、役割なら、そうなって当然かもしれないな」と思えてきます。経営者やリーダーと現場とが、それぞれの立場、役割を超えて、理解し合える、双方に納得感が生まれるのです。

トップやリーダーと現場との対立関係という組織の問題は、ここにポイントがあります。「誰が悪いか?」というところから離れてください。立場や役割の違いに目を向けてください。すると、間違いなく問題解決の糸口が見つかります。

◆事例――社内留学

リンクアンドモチベーションでは社内留学という制度を設けています。一週間、自分が所属している部署とは違う部署に〝留学〟して、その業務にあたるのです。たとえば、企業研修の担当者が経理部門に行くという具合。わずか一週間ですが、その効果はけっして小さいものではありません。

「経理って大変なんだな。こんなにこまかいところまで神経を使わなければいけないのか」

　誰もが新鮮な印象を携えて帰ってきます。通常とは違う役割を担うことで、その部署に対する理解、共感が生まれます。企業では部門ごとのセクショナリズムが生まれやすいものですが、それを防ぐのが他の仕事を体験することなのです。


　また、私の部署ではキックオフなどで、メンバーに擬似的にリーダーになってもらい、方針を語ってもらう時間もつくっています。ミーティングではリーダーが方針を話して、メンバーは聞き役に回る形になることが多いと思いますが、この時間はメンバーがプレゼンターですから、これも役割チェンジの一つです。

　リーダーの立場をロールプレイしてはじめて、自分の見方が短期に偏っていたことや個別最適に陥っていたことを知ることになります。リーダーが一方的にしゃべるだけでは、メンバーの考え方は自分のなかだけで完結していたでしょう。しかし、やりとりすることで、自分の考え方が正しい捉え方ではないと理解するわけです。

社内留学が難しくても、リーダー個人でもできることはあります。

◆自分と他人は違う

組織をぎくしゃくさせるものの一つに、ある思い込みがあります。それは、「自分がこう思っているのだから、相手もそう思っているだろう」という思い込みです。

人間は一人ひとりが個別の存在です。そんなことはわかりきっているのですが、現実場面では、他人も自分と同じだと錯覚することが少なくありません。私がそう痛感させられたのも、やっぱり組織運営にとことん苦しんでいた時期でした。

私はどちらかといえば、新しいこと、大きなことに取り組むのが好きなのです。新しくて大きなチャレンジこそ、仕事のやりがい、おもしろさだ。みんなそう思っているだろう——だから、チームを預かったときも「この新しい戦略でいこう」「ここまで大きな目標でやろう」とメンバーに語りかけ続けました。

しかし、メンバーたちはどうもシラけている。私はそれをこう受けとったのです。

「こいつらほんま、やる気ないな」

とんでもない勘違いでした。メンバー全員が私と同じタイプなら、新戦略、大目標を語ることにおおいなる理解と共感が得られたでしょう。一丸となってやる気をみなぎらせてくれたかもしれない。しかし、メンバーは一人ひとりタイプが違うのです。

新戦略に仕事の可能性を探るより、今ある仕事を丁寧にこなして、誰かの役に立っている自分を感じたいメンバーもいたでしょう。ビッグビジョンを掲げるリーダーより、自分のしたことにいつも目を向けてくれるリーダーを求めている人もいたはずです。

そのことを忘れていた私のミスです。メンバーたちはシラけていたのではありません。メンバーを自分と同一視していた私が、メンバーたちをシラけさせ、仕事に対するモチベーションを下げていたのです。

他人と自分は違う。

その当たり前のことに気づけば、組織の風通しは格段によくなります。

この風通しが悪いことも組織の問題点だと思いますが、原因をリーダーとメンバーの〝相性〟に求め、諦めてしまう人がいます。しかし、それは違います。かりに相性がよくないとしても、諦める前に違いを認め、的確な対応をすべきです。

先の例でいえば、役に立っている自分を感じたいメンバーには、「君の仕事で助かっている。ありがとう」のひとことを、自分に目を注いでくれるリーダーを欲しているメンバーには、「いつもがんばっているね。ありがとう」のひとことを、戦略やビッグビジョンを語る前に、必ず添えるべきだったのです。

そのちょっとした配慮があったら、メンバーのリーダーに対する信頼感はまったく別ものになるはずです。実際これに気づき、そのようにしてから、メンバーは私の戦略やビジョンについても耳を傾け、理解してくれるようになりました。

◆想定すべきタイプは四つある

人のモチベーションはどのようなことによって高まるのか。私たちはそれを四つのタイプに分けて考えています。

・アタック
・レシーブ
・フィーリング
・シンキング

アタックは「達成支配欲求」が満たされることによってモチベーションが高まるタイプです。このタイプを象徴するキーワードは「勝ち負け」。いわれてうれしい言葉は「すごい」です。

レシーブは「貢献調停欲求」がモチベーションを左右するタイプ。キーワードは「善悪」、うれしい言葉は「ありがとう」です。

フィーリングは「感性発散欲求」がモチベーションのカギを握っています。キーワードは「好き嫌い」、うれしい言葉は「新しい」「おもしろい」。

シンキングは「論理探究欲求」でモチベーションが決まります。キーワードは「真偽」、うれしい言葉は「確かに」「正しい」。

研修のトレーナーをするとき、私はこれらのタイプを強く意識します。たとえば、アタックタイプが多いと、私が話している間にも「こいつはなんぼのもんなんだ」という思いで聞いていているものですし、レシーブタイプがそろっているときには「この人はいい人なのかどうなのか」という見方をされます。

また、フィーリングタイプは「この人はおもしろい人かな」という思いでいますし、シンキングタイプは「この人のいっていることは正しいのだろうか」と見ている。

ですから、タイプに合わせて話し方を変えていかないと、いいたいことがうまく届かないということにもなるのです。

このことは一般的なビジネスシーンでもいえるでしょう。リーダーがメンバーのモチベーションを高めようとする際には、タイプに合わせた対応が必要になる。アタックタイプなら、「うまく契約をまとめたな。すごいじゃないか」といった声かけがさらにモチベーションを高めることになりますし、フィーリングタイプでは、「企画書を見たよ。おもしろいね」という対応が有効です。

日頃から観察眼を働かせて、メンバーのタイプを見きわめておく。これも、組織をうまく機能させるために、リーダーが心得ておくべきことです。参考までにそれぞれのタイプの特徴をまとめた図（64ページ）を載せますので、これを見てあなたのメンバーについて考えてみてください。

「モチベーションタイプ」

A アタックタイプ（達成支配欲求が強い）

・自力本願で強くありたい
・周囲に影響を与えたい
・意志薄弱な状態や人への依存を避けたい

強み➡牽引力・主張力・主体性・達成意欲
課題➡受容力・傾聴力・中立性・自制心

Key Word ➡ 勝ち／負け　敵／味方　損／得

B レシーブタイプ（貢献調停欲求が強い）

・人から愛されたい、平和を保ち葛藤を避けたい
・中立的な立場でいたい
・他者との戦いよりも協調を大切にしたい

強み➡調停力・受容力・中立性・自制心
課題➡牽引力・主張力・主体性・達成意欲

Key Word ➡ 善／悪　正／邪　愛／憎

C フィーリングタイプ（感性発散欲求が強い）

・新しいものを生み出したい　・楽しいことを計画したい
・自分の個性を理解されたい
・平凡であることや同じことの繰り返しを避けたい

強み➡発想力・直感力・変化志向・柔軟性
課題➡計画力・持続力・探究心・規律性

Key Word ➡ 好／嫌　楽／苦　美／醜

D シンキングタイプ（論理探究欲求が強い）

・さまざまな知識を吸収したい
・複雑な物事を究明して自信を持ちたい
・勢いだけで走ること、無計画な状態を避けたい

強み➡分析力・計画力・探究心・規律性
課題➡発想力・直感力・柔軟性・変化志向

Key Word ➡ 真／偽　因／果　優／劣

組織を人ではなく間から見る

◆人間という熟語があらわすもの

組織は人の集合体です。ですから、組織に問題がある場合には、どうしても人に注意が向けられがちです。すでにお話しした犯人探しもその典型。しかし、問題は人にあるのではないのです。人間という熟語は「人」の「間」と書きますが、じつはその「間」に、つまり、人と人との関係、かかわりのなかに問題の根はあるのです。

物事を捉えるときの手法には、要素還元主義的な考え方と、関係性的な世界観で見る考え方があります。組織でいえば、五人（A、B、C、D、E）のメンバーがいたとき、一人の能力が一だとすれば、この組織では「一＋一＋一＋一＋一＝五」で、五の成果が出るとするのが、要素還元主義的な考え方です。これは、人にフォーカスした考え方です。

これに対して、関係性的な世界観に立った見方では、五人のメンバーがいれば、AとB、AとC、AとD、AとE、BとC、BとD、BとE、CとD、CとE、DとEという一〇通りの関係があり、それらはおたがいに影響を及ぼし合っていて、成果もそれによって変わってくる、と考えるわけです。こちらは間、関係性にフォーカスしています。

この組織に新たに一人、Fが加わったとします。Fの能力が一だとすれば、加入後の戦力はそれまでの五十一で六になるはず。これが前者の考え方です。ところが実際にはさにあらずで、戦力が一や二に低下することさえあるのです。

◆五＋一＝六ではない

五＋一が六にならないからくりはどこにあるのか。

たとえば、Fが何かにつけてネガティブな言動を繰り返す人だったとしたらどうでしょう。口を開けば、不平不満、愚痴が出てくる、リーダーの悪口、陰口の類いはいい放題、組織に対しても後ろ向きの発言しかしない……。このような人が組織に与える影響は、馬鹿になりません。

Fは他の五人とかかわることになりますから、Fのマイナス影響は五人にもおよぶことになります。その結果、五人のパフォーマンスが下がってしまう。実際に起きることです。

「個別の能力の合計だけで成果は決まらない」

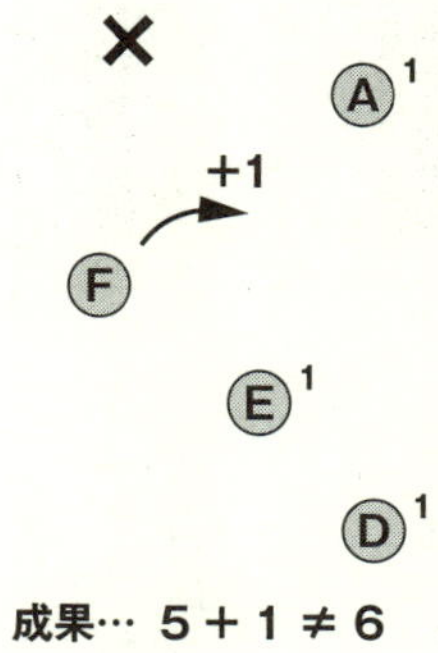

「関係性によって成果は変わる」

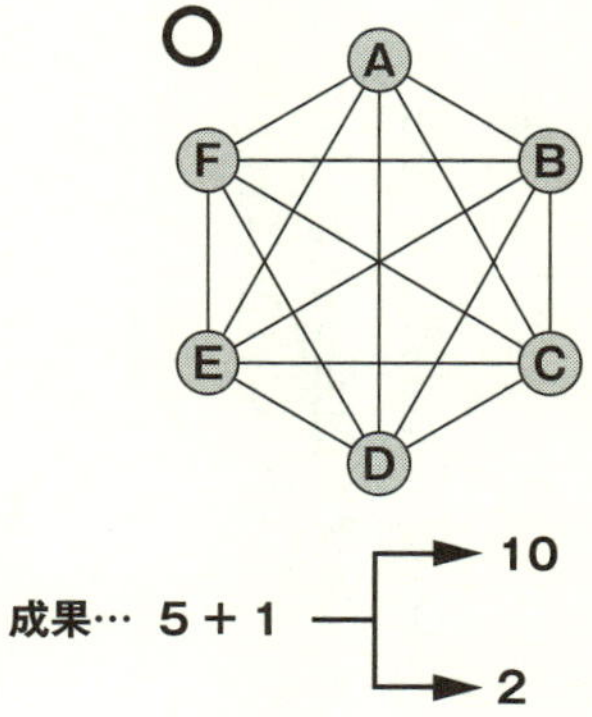

ネガティブなコミュニケーションをする人がそばにいたら、気分もよくありませんし、仕事に対する集中力がそがれることだってあるでしょう。苛立ちを感じたり、腹立たしさを覚えたりすることもあるでしょう。

それがパフォーマンスを低下させるのは火を見るよりも明らかです。総体としての戦力は六ではなく、それよりずっと低いものになってしまうでしょう。実際、Ｆのような人を改善あるいは異動させることで、組織が一気によくなることはあります。

組織では、人ではなく、その相互の関係性（間）を注視することが大事だということを、理解していただけたでしょうか。そこを見なければ、組織の問題は解決しませんし、組織を立て直すこともできません。「人」から「間」への視点の変更は急務です。

◆事例――バレーボールチームで起きたこと

「五十一≠六」ということに関連して、私の高校時代の話をしたいと思います。

私が通っていたのは中高一貫教育の、いわゆる進学校と呼ばれる学校でした。部活はバレーボールを選んだのですが、このチームがみごとなまでに弱かった。中学時代は公式戦で負け続けていました。ほぼ全員が、背が高いわけではない、運動神経がいいわけではない、というチームですから、妥当な戦績には違いありません。

チームはそのまま高校にスライドしたわけですが、そこには新しい監督が待っていました。

そして、この監督が最初にチームに厳命したのが、「とにかく、声を出そう。スパイクが打てんでも、ブロックできひんでも、声を出すことはできる！」ということでした。

うそのような話ですが、その後のわがチームは学校中に轟《とどろ》く存在となりました。練習のときに監督の命に従って、全員がこれでもかという大声を出すわけですから、それが学校中に響き渡ったわけです。

さらに新監督に指示されたのは、徹底的にカバーにいくということでした。それがチームを変えました。それまでは誰かがレシーブを少しでもミスすると、他の選手は「あかんな」と眺めているだけだったのですが、拾えようが、拾えなかろうが、とにかくカバーに走るようになったことで、拾おうという気持ちが強くなり、実際拾えるようになってきたのです。

大雑把にいってしまえば、その二つが基本戦略だったわけですが、たったこれだけのことでチーム力が信じられないくらいに上がりました。阪神間ではバレーボールチームは六部に分かれていて、それぞれリーグ戦をおこなっています。入学当初には五部だったわがチームですが、なんと、卒業時には二部にまで昇格したのです。

「俺らでもここまでやれるんや」

チームの全員が感じたのはそのことでした。すばらしい体験でした。

ここにも「五十一≠六」の構造、すなわち「おんぼろチーム＋新監督≠相変わらずおんぼろ」という構造が見られます。これは、「十一」が、文字どおり、プラスに働いた例です。

チームを変えたのは、声を出し合うことによるコミュニケーションの充実、そして、カバーを徹底することによる役割意識の自覚だったでしょう。それらは、モチベーションを高める重要な要素です。

そのときは、ただ、「チームワークってすごいな」というくらいにしか捉えていませんでしたが、今にして思えば、無自覚ではあったにしろ、モチベーションと組織の関係について気づかされたのは、あの部活体験だったかもしれません。

コミュニケーションに投資せよ

◆陰口や悪口がなくなるだけで組織は激変する

私たちの部署には、一つ禁止事項があります。

メンバーについての陰口、悪口です。もちろん、それぞれに対する要望やさまざまな思いはあるでしょう。それは原則として、直接、本人に伝える。それが部署のルールです。

ただし、少々の逸脱は許容範囲としています。まあ、メンバー同士で飲みにでもいって、チラッと愚痴をこぼすくらいのことはあってもいい、それでも最後はみんな気持ちを前に向けてお開きにして欲しい、というのが偽らざる私の願いです。

陰口や悪口には、ビジネスパーソンのせめてもの憂さ晴らし、ストレス解消のちょっとした妙薬といった要素があることは知っています。しかし、陰口、悪口の弊害は看過できないほどに大きいのです。

こんなケースがあります。まだ、入社して間もない頃、籍を置いていた部署の組織状態がよくない時期があったのです。そのてこ入れで、大阪からマネジャーが異動してきたのですが、メンバー全員の前でそのマネジャーが最初にいったのが次の短いひとことでした。

「その人のいないところで、その人の悪口をいうのは禁止。方針は以上」

悪口禁止？　それが方針？　なんだそれ！　おそらく、メンバーはそんなふうに感じたはずです。私もそんな〝方針〟で組織がよくなるわけがないじゃないか、と思っていました。しかし、方針は正しかったのです。組織状態はみるみるよくなっていきました。


「そうはいっても、陰口、悪口が飛び交っているような組織で、いきなり、リーダーが禁止令を出し、直接、本人に伝えよう、なんて提案しても効果なんかないのでは？」

そう考えて当然です。ことは一朝一夕にはいきません。実践の積み重ねによってそういう文化をつくっていくしかないのです。私が心がけているのは、中身がどんなことであれ、私個人に対していってくれた意見はできる限り頭ごなしに否定せずに、直接いってくれたその行為を承認する、ということです。たとえば、

「麻野さん、これはちょっとしんどいなと思っているんです」

といった意見は、私の方針や指示に対する批判ともとれますが、私はこんな対応をしま

す。

「そうか、おまえ、よく本音をいったなぁ」

もちろん、受容承認したからといって、必ずしも、意見をそのまま取り入れるということではありません。しんどさを乗り超えるために何が必要かを考える、しばらくしんどさを我慢してもらうよう説得するなど、その後の対応はケース・バイ・ケースです。

大事なのは、直接、伝えられる雰囲気の醸成です。そのためには、受容承認の姿勢を持ち続け、どんなときも崩さないことです。「おっ、こんな意見も受け入れてくれた。ここまでいっても大丈夫なんだ」。メンバーがそう感じることで、〝いえる〟雰囲気ができていきます。その積み重ねで「大丈夫の範囲」が広がっていきます。

その延長線上には、禁止令を出すまでもなく、自然のうちに、陰口、悪口が消えるという、理想的な組織の姿が見通せるのではないかと思います。

◆気まずいメンバーこそ、飲みに誘え

組織は人と人の間、関係性の在り様で動きます。間を結ぶのがコミュニケーション。そのコミュニケーションに投資する。それもリーダーの重要な役割の一つです。

もっともイメージしやすいのが飲み会でしょう。メンバーを飲みに誘って、おたがい腹を割って話す。旧来の手法といえば、確かにそうなのですが、その有効性は時代を超えて、いまだ色褪せてはいないという気がします。

ただし、有効性を担保するための条件があります。日頃、気まずいな、と思っているメンバーとこそ飲みにいくというのがそれです。

ちょっと時間ができて飲みにでもいこうか、と思ったとき、リーダーが誘うのは決まって気が合うメンバーなのではないでしょうか。

もちろん、気が合うメンバーとの意思疎通をさらに高めるのもいいのですが、組織にとってもっと大切なのは〝気まずさ〟の解消です。誘いにくいのはわかっています。しかし、そこを踏ん張ってあえて誘います。

気まずさを感じていたリーダーに誘われたという、そのことだけでもメンバーの気持ちは変わります。杯を交わせば、さらに気持ちはほぐれます。おたがいに腹を割る態勢がつくられるのです。最初は気まずくても、えいやと一回誘ってみる。すると、ほとんどのケースで気まずさは解消される、というのが私の実感です。

社員旅行や運動会といったことも、投資の対象になるでしょう。もっとも、組織にも、その構成メンバーにも、いろいろな事情があるわけですから、そうした形式にこだわる必要はありません。今、自分が置かれた状況のなかで工夫をしてください。

リーダーとメンバーが面談する機会は、どんな組織にもあるでしょう。たとえば、それを活用する。人事考課の面談などはどの企業でもやっていると思いますが、ほとんどの場合、時間が短すぎます。「今期の君の評価はこれこれだ」ということで終わってしまっていることが多い。時間にして一〇分、一五分程度というところではないでしょうか。

その面談時間を一時間とるようにする。それで、相当踏み込んだコミュニケーションが可能になります。

「今期はどうだった？　自分にとってどんな期だった？」

そんな問いかけをすることによって、メンバーがその期にどのような思いを持って仕事に取り組んでいたのか、自分なりに掲げていた目標はどんなものだったのか、その達成度を自分でどう判定しているのか、自分でよかったと評価できるのはどの点か、また、反対に評価できないのはどこか……などなど、たくさんの情報を得ることができます。

リーダーにもそのメンバーに対する評価がありますし、期待以上の結果を出したところやもの足りなかったところがあるはずです。一時間という時間枠があれば、それらを率直に伝えることができるでしょう。

「そうか、そんな思いだったのか。大変だったな。しかし、こちらにもがんばりは伝わってきたよ。ただ、俺としてはこれこれ、この点をもう少し伸ばして欲しいと思っている。それができるようになれば、将来的に君にとっても……」

ここで成立しているコミュニケーションは、きわめて有効性が高いものではないでしょうか。これも、コミュニケーションの投資です。

最初はメンバーから、「えっ、一時間も面談するんですか？　そんなにしゃべることがないですよ」といった声があがるかもしれません。しかし、案ずるより産むが易し。実行に移せば確実に成果は上がります。組織は見違えるほどよくなる。ぜひ、みなさんにそのことを実感して欲しいと思います。

◆臨界点を意識せよ

臨界点を意識する。これも組織をマネジメントしていくリーダーが考えなければならないことの一つです。

量が積み重なって質的変化が起きる臨界点を、英語ではクリティカルマス（Ｃｒｉｔｉｃａｌ Ｍａｓｓ）といいます。ある状態が変化して、その変化が一定のレベルを超えると、一気にそれまでとは違った状態になだれ込んでいく、という現象が起きるのです。状態を変える分かれ目となるところ、それが臨界点です。

この臨界点が重要と考えるうえでの前提になっているのが、人間は日和見主義だということ。つまり、人間は確固たる自分のスタンスを持っているのではなく、流されやすい存在だということです。

Ａ、Ｂという二つのスタンスがある場合、Ａというスタンスをとっている人は、揺るぎない信念でそうしているわけではなく、みんながＡだからＡにしようというふうに考えていることは多々あります。みんなの流れがＢに向かえば、今度はＢのスタンスをとるということが大いにあるのです。

この傾向が顕著にあらわれるのは、たとえば、選挙の投票などです。みんながみんな誰に投票すべきかマニフェストを読んだり、候補者について調べたりしているわけではなく、なんとなく周囲の人があの党がよさそうだ、あの人がよさそうだといっているから、あるいはマスコミの論調がそうだから、とりあえず自分もあそこに投票しておこうという人も、実際には多いのではないでしょうか。

組織も同じです。ポジティブな人が二割、ネガティブな人が二割、どちらでもないフラットな人が六割いる組織があるとします。これで均衡が保たれていたときに、ネガティブな人が三割になると、どんなことが起きるか。残りのフラットな人がすべてネガティブに流れて、八割がネガティブになったりするのです。この場合でいえば、三割が臨界点。それを超えることで、組織の在り様、雰囲気はガラリと変わるわけです。

たとえば次の図は、職場に活気や覇気がないことを問題視した営業所の挨拶推進活動の推移をあらわしたものです。最初はマイノリティだった「挨拶する派」の人数が、臨界点を超えることで一気にマジョリティとなり、ついには全員が挨拶する職場となります。

リーダーは臨界点というものにつねに目を配っておく必要があります。今挙げたような数的な変化もそうですが、前にお話ししたFのケース（66ページ）を思い出してください。

ネガティブなFが加わったことによって、組織全体のパフォーマンスが下がってしまう。その原因はFの加入が組織の人間関係を変化させたことにあります。しだいに進んで

「臨界点を超えれば組織は変わる」

（例）20名のある営業所

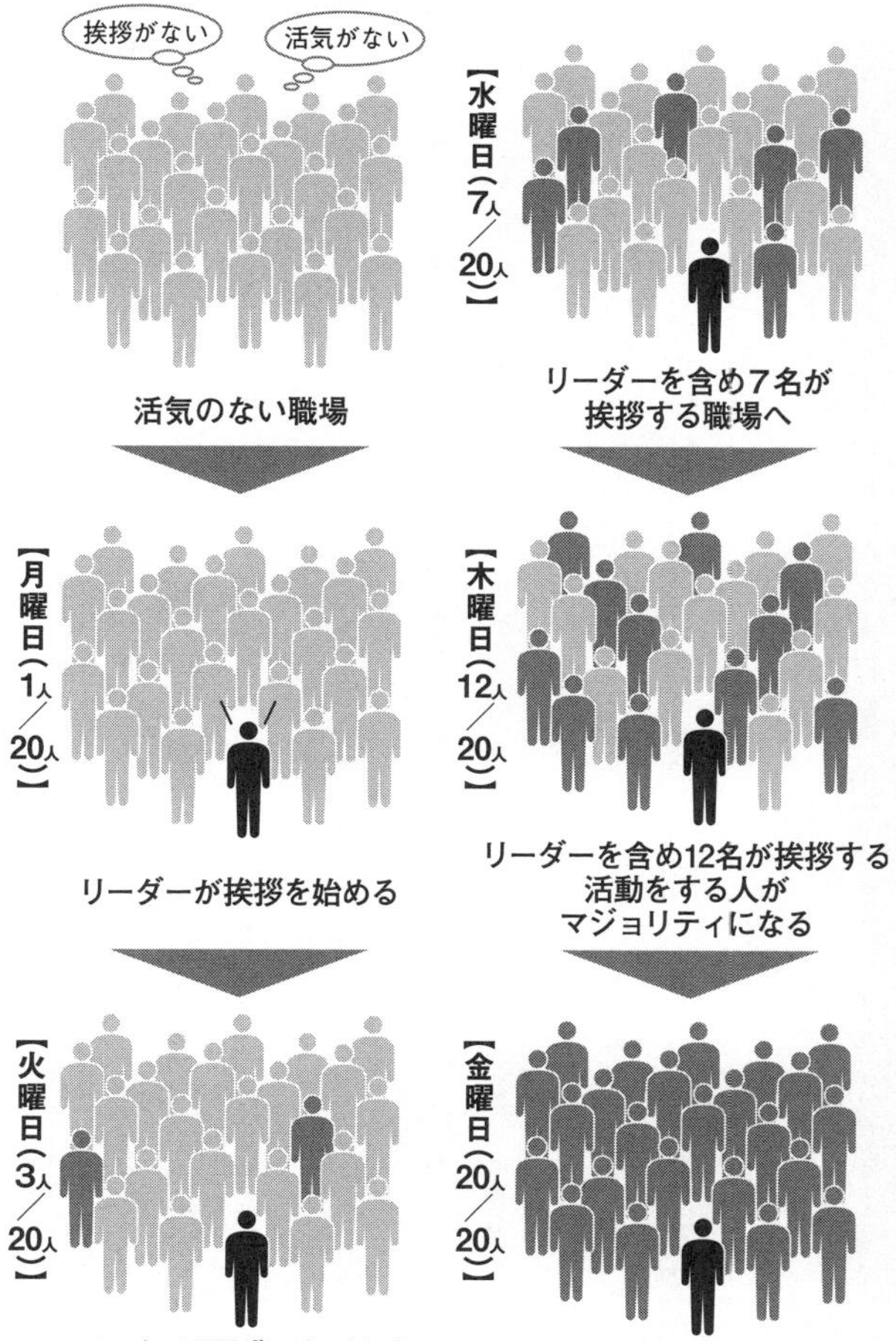
メンバーは戸惑いながらも
リーダーの他の２名が挨拶
全員が挨拶する職場へ

いった人間関係の変化が臨界点を超えたことで、総体のパフォーマンスが低下した。

その前段階でリーダーが変化をいち早く察知し、「このところ雰囲気がおかしいぞ。Fを何とかしなければいけない」と考えて、配置換えをするとか、Fと話し合ってFが及ぼす組織への悪影響を断つとか、何らかの手を打っておけば、臨界点を超えることはなく、パフォーマンスの低下も防げたはずです。臨界点に目配りするとは、こうしたことも含んでいます。

◆事例――リーダーに誰を登用するか

サイバーエージェントの藤田晋社長は、管理職に登用する人材について、ある取材でこのようにお話されています。

「管理職に登用する際の選択基準を、一にも二にも人格に置いている。もちろん、人格が優れていて実績も高ければ文句はないのだが、人格と実績のどちらを優先するかといえば、圧倒的に人格のほうである」

どういうことでしょうか。

能力が高く、人格のレベルも申し分ない人材は、当然、組織に大きく貢献します。

では、能力は低いけれど、人格レベルは高い人はどうでしょう。この場合は組織への貢献は期待できませんが、最悪でもゼロ。組織にマイナスをもたらすことはありません。

ところが、能力は高い一方で、人格レベルが低い人は、組織にとってマイナスに働く。いわんとするのはそういうことです。

実際、仕事ができる人、実力者とみなされている人が、「この会社の将来はない。いつまでもいるような会社じゃないよ」といったことをいえば、そのマイナスの影響力ははかりしれません。将来性がないという空気はまたたく間に伝播し、会社を見限る社員が続出することになるでしょう。

藤田社長のこの言葉は経営者の経験から語られたものでしょう。上場して間もない頃、サイバーエージェントにも離職率が三割を超えるような時期があったといいます。現在は離職率は一〇％まで下がり、インターネット業界のモデルケースとなるような組織づくりに成功していますが、組織をよい方向に導いた要因の一つに、リーダーとメンバーの関係性の向上があるのではないでしょうか。

私自身も関係性の大切さを実感させられたことがあります。扱う業務の範囲が広がったことで、それまで直接、私がマネジメントをしていた営業部門のリーダーを、メンバーの一人に任せたことがありました。すると、とたんにうまくいかなくなったのです。

といっても、任命した新しいリーダーに問題があったわけではありません。問題は新リーダーとメンバーの関係性にあったのです。

私はメンバーに比べて経験を積んでいましたから、会議などで、「こういうところがうまくいかない」という意見があがれば、その場で、「じゃあ、こうしてみたら？」と答えを出すことができました。

「質問→即答」という形で、私とメンバーとの一つの関係性が成立していたわけです。新リーダーもその関係性を踏襲しようとしました。しかし、経験不足ということもあって、答えがすぐには出てきません。

メンバーはこう思います。「新リーダー、ぜんぜん頼りにならないじゃないか」

新リーダーにもいい分があります。「みんな、なんで、俺に問題ばかり押しつけてくるんだ」

その部門の雰囲気はどんどん悪くなっていきました。そんななかで、新リーダーは関係性の違いに気づきました。「麻野さんと自分は違うのだから、メンバーとの関係性も違って当たり前じゃないか。だったら、自分とメンバーの新しい関係性をつくればいいんだ」

その後、新リーダーはメンバーからあがってくる問題に対して、「どうやったらうまくいくか、一緒に考えていこう」というスタンスで臨みました。

結果はいわずとも明らかでしょう。関係性を変えたことで雰囲気はたちまち好転したのです。関係性は固定化したものではありません。リーダーが変わったら、関係性も変えていくべきなのです。どのような関係性を築くのがもっとも好ましいのかを、それぞれの状況のなかで考えていく。自分に合わせてチームを変えようとするのではなく、チームに合わせて自分の動き方を変えていく。それも、リーダーには必須のスキルです。

第3章

会議が空回りする病

すべての会議は空回りしている

◆参加者みんなが「この会議は意味がない」と思っている

組織がうまく動いていくための大事なファクター、それが会議です。しかし、会議にも見直すべき点、考え直すべき点が多々あります。しかも、根本的なところで会議の意味が問われています。

「御社の会議の在り方はどうですか？」

組織変革をしていくにあたって、現場社員の方々にインタビューをするときにそんな質問をすると、じつにたくさんの企業でこんな答えが返ってきます。「会議ですか？　あまり意味がないですね」。会議に臨む当事者がその意味を認めていないのです。私もオブザーバーとして会議に参加することがありますが、確かに、その言葉どおりの印象を持つことがほとんどです。

内容はといえば、掲げた目標と業績を引き比べて、リーダーが叱咤激励するというのが典型。「このままでは目標達成などぜんぜんおぼつかないぞ。みんな、もっとがんばってやらなきゃ困る。目標必達！　いいな。以上……」という具合ですから、まったくお定まりの枠から抜け出ていないのです。

参加者の胸の内を覗けば、「そんなことはいわれなくてもわかっている。わざわざみんなを集めていう必要があるのかな」ということなのでしょう。昔は情報を共有するために、会議の場に一同が顔をそろえる必要があったと思いますが、インターネット環境が進化した今、たいがいの情報はパソコンを使って共有できます。

「会議＝情報共有の場」という図式はとうの昔に意味を失っているのです。しかし、現実の会議は今もなお、旧態依然のまま。これでは会議が機能不全に陥るのは、きわめて当然のことです。

しかも、会議に費やされる時間は月に何時間にもおよびます。あえていってしまえば、会議によって時間が浪費されている。これは組織にとって大いなる損失です。かつてヒットした映画の有名な台詞に、「事件は会議室で起きてるんじゃない。現場で起きているんだ」というのがありましたが、それに倣えば、「問題は現場にあるんじゃない。会議室にあるんだ」ということにでもなるでしょうか。

まず、会議の質的転換が必要です。情報共有の場から問題解決の場へ。これが会議の意味を復活させるためのポイントです。仕事ではさまざまな問題が浮上します。なかには個人の能力だけでは解決できない問題もあるでしょう。

だから、上司や同僚などの能力を借りて、全員の経験や知識、アイディアや知恵を結集して解決していく。みんなが集まる意味はそこにこそあるわけです。意味のない会議を意味あるものに変える。それが、組織の質を高めることにつながっていくのは、疑う余地がありません。

問題がテーブルの下に隠れている理由

◆何のために会議をおこなうのか

前項では会議は問題解決のためにおこなうという話をしました。しかし、多くの場合、会議はそこから大きくかけ離れたものになっています。どんなことになっているのか。本来なら、会議の前には解決すべき問題を会議の俎上にのせるための準備をすべきところですが、まったく違ったことがおこなわれているのです。

実際の会議では、「問題が発覚しないための準備」がおこなわれているのではないでしょうか。そしてその準備によって、問題はテーブルの下に隠されてしまいます。たとえば、業績があがらず、目標達成が危ういという状況だったとすると、そこをつかれないような資料をそろえたりするわけです。そして、

「現状はこうですが、ここに資料を用意したようにリカバリー計画がありますから、最終的に目標はクリアできます。大丈夫です！」

といった発言で会議を乗り切ろうとする。誰もがその姿勢ですから、問題はテーブルの下に隠れたまま、けっして参加者の目にさらされることはないのです。問題を明らかにし、解決すべき会議は、こうして問題隠蔽合戦の様相を呈することになります。

目的と手段が逆転している。それが現状の会議の実態です。まず、ここを変えていくことが必要です。あらためて会議の目的、すなわち、何のために会議をおこなうのかを問い直し、問題をテーブルの上に出し、みんなで意見を出し合って解決するための場なのだ、ということを共通認識として固めることが大切です。

◆問題に対する向き合い方を変える

問題が隠されるのは、その捉え方に原因があります。「問題発生！」ということから、みなさんはどんなことを思い浮かべますか？　仕事上の何らかのトラブル、仕事の停滞、方向性の誤り……。おそらく、そうしたことではないでしょうか。

いずれにしても、イメージとしてはネガティブです。だから、露見してはまずい、隠さなければ、という思いにつながるわけです。しかし、この捉え方は正しいのでしょうか。

もっと本質的に、問題はなぜ起こるのかを考えてみてください。問題が起こるのは、目標や理想があるからではありませんか？　ただ、機械的に、事務的に仕事をこなしているときには、問題は起こりません。

何かを成し遂げたい、こんなことをやりきりたい、という目標なり、理想なりを持ったときに、成し遂げるために必要なこと、乗り越えなければならないこと、が出てくるわけです。やりきるためのハードルや壁もあらわれてきます。

人生だって、「ただ、生きていればいいや」という生き方をしていたら、問題と出会うこともないでしょう。志や夢を持って生きるから、そして、それを貫こうとするから、叶えようとするから、解決しなければならない問題と遭遇するのです。

こうなると、問題に対する捉え方が変わってきませんか？　目標、理想なきところに、問題もまたないのです。それを解決することは、目標や理想に一歩近づくこと。とすれば、問題というものをポジティブに捉えるべきではないでしょうか。

「おっ、こんな問題が起きた。これをみんなで解決したら、目標に向かって大きく前進することになるぞ。さあ、みんな、知恵を出そう！」

会議に臨むメンバーの心の内で、そんな意志統一ができていたら、問題との向き合い方がそのように変わったら、会議の質転換はもうすぐです。

三つのステップで会議は生まれ変わる

◆問題をあげたメンバーが賞賛される

会議を意味のあるものにするため、機能させるためには、三つのステップを踏むことが大切です。前述したように、会議は組織にとって重要なファクターですから、それによって組織も大きく変わります。

「問題発見」↓「施策立案」↓「実行支援」

これが三つのステップです。問題発見とは、テーブルの下に隠れていた問題をテーブルの上に出し、参加者全員で共有することです。そのためには条件があります。会議をリードする人が、問題があがってきたことを〝歓迎〟するというのがそれです。

これができていない。「じつは今、このような問題が持ちあがっていまして……」「クライアントからこんなクレームが入っているんです」。そのような発言をすると、リーダーの表情はたちまち険しいものになります。眉根にグッと皺が刻まれます。そして、「えっ、何でそんなことになっているんだ!」という対応になる。

これでは、参加者の誰もが、のど元まで出かかった問題提起の言葉をグッと呑み込むことになってしまいます。「こりゃあ、いわないほうがいいな。隠しておこう」。せっかくテーブルの上に出かかった問題も、また、下に逆戻りということになるわけです。

ウエルカムな雰囲気が大事です。問題があがってきたら、

「そんなことがあるのか。よく、この場に持ち上げてくれた。みんな、彼のおかげで問題が共有できたのだから、一緒に解決への道筋を探ろうじゃないか」

たとえば、そんな対応です。問題をあげたメンバーが指弾の声ではなく、賞賛の声で参加者に受けとめられる。リーダーがそんな雰囲気づくりをすれば、問題を隠しておく必要はどこにもないわけですから、どんどんあがってくることになります。

私も「人気ないなぁ」の時期に会議の変革に取り組みました。変化は人を戸惑わせますから、最初はメンバーにも違和感はあったようです。しかし、習うより慣れろ、です。リーダーがブレなければ、違和感はすぐにも払拭されます。

リンクアンドモチベーションではトップを交えた部門の経営会議を定期的におこなっていますが、私たちの部署ではその会議の雰囲気も〝問題ウエルカム〟モードです。はじめてその会議に参加するリーダーなどは、これに驚きます。

「今、こんなところがちょっとうまくいっていません。何とか解決したいので、アドバイスをください」

そんな私の発言に「この人なんてことをいってるんだ!?」という表情を浮かべるのです。しかし、トップはもちろん、「よく、問題をあげてくれた」という対応ですから、そこでメンバーの意識改革が始まる。問題は〝隠してなんぼ〟ではなく、〝共有して、解決してなんぼ〟だということがすり込まれていきます。

そうして会議は生まれ変わるのです。自分が、あるいは自分のチームが抱えている問題を何とか隠し通そうと思って臨む会議は憂うつかもしれません。しかし、問題を解決に導いてくれる会議だったら意気揚々、ポジティブな気持ちで参加できます。その結果、会議は談論風発の場となる。本来、会議とはそういうものです。

◆上司は部下に新たな可能性を示しているか

二つめのステップは「施策立案」です。会議の場で問題をあげるということは、その解決に思い悩んでいる、手に余っている、ということでしょう。そこで、「どうやって解決するつもりなんだ」と詰めても、当事者は萎縮するばかりとなります。

リーダー（上司）がやらなければいけないのは、解決策を一緒に考えることです。リーダーであれば、メンバーよりも経験も豊富でしょうし、知識の蓄えもあるでしょう。さまざまな局面にも向き合ってきているはずです。

場数を踏んでいるリーダーの目から見れば、当事者が気づいていないこと、頭にない発想、別の視点……などなどが見えてくるのではないでしょうか。それをヒントとして提示し、ともに解決策を探るのです。

「今の話を聞いていると、営業プロセスではなく、顧客ターゲットの設定に、問題の原因があるような気がする。原点に戻って考えてみよう」

「メンバーの意識を高めることも大事だが、そもそもの業務の仕組みを変えていくべきなんじゃないか？」

以前、リーダーも同じような局面に立ったことがあり、必死の思いで解決策を模索して、何とか乗り切ったという経験があったら、その経験を話すことも、解決への道筋を見つける貴重なヒントになるのではないでしょうか。


問題に直面している当事者は、いずれにしても煮詰まっています。袋小路に入り込んでしまったような感覚になっています。問題という目の前の壁だけを直視している状態といっていいかもしれません。

しかし、リーダーはその状況を俯瞰《ふかん》することができます。広い視野で全体像を捉えることができる。そのリーダーなら、袋小路からの出口を、必ず、見つけることができると思うのです。

さあ、会議は俄然熱っぽいものになってきました。

◆実行のフェーズで会議の効果が激減している

最後のステップは「実行支援」です。会議で問題の解決策や今後の課題などが決まる。しかし、真の問題はその後にあります。

たとえば、会議で何ごとかを決定して、一カ月後に次の会議が開かれたとします。その間の一カ月は前会議での決定事項が着実に遂行される期間のはずですが、これが実行されていないケースが多いのです。かなりの確率で何かが漏れている、といってもいいほどです。

会議の決定事項は実行のフェーズ（段階）で停滞してしまう。これでは会議の効果は激減です。確実に実行されなければ、何を決めたって絵に描いた餅でしょう。実行されているかどうかのチェックは絶対に必要。それが、最終的に会議の成否を決めるといっても、けっして過言ではありません。

私たちの部署では、会議の冒頭に五分くらいかけて、前回の議事録をみんなで読みます。やると決まったことが確実に実行されているか、全員で確認するのです。その際に「前回こう決まっていたけど、どうなっている?」と聞くと、やっていない、忘れていた、ということが必ず出てきます。

会議の意味については正しく理解しているはずの弊社でもそうなのです。私の感覚でいえば、現状の一般的な会議では、決定したもののうち実行されているのは、ひどい場合には半分程度ではないでしょうか。いくらすばらしい解決策を立案したとしても、半分しか実行されないのでは、それこそ〝宝の持ち腐れ〟です。

逆にいえば、一〇割実行するようになったら、会議の効果は現在の二倍になる、ということでしょう。これは魅力的な数字です。

ポイントは、会議を締め括るときに、担当者（誰がやるか）と期限（いつまでにやるか）を決めることです。トリンプ・インターナショナル・ジャパンにおられた吉越浩一郎さんには、『デッドライン仕事術』（祥伝社新書）という著作がありますが、とにかく結果を出す社長、吉越さんもデッドライン（期限）にはことのほか厳しかったといいます。

決定事項の担当部門のリーダーが躊躇《ちゅうちょ》していたりすると、「じゃあ、〇〇くん、君が担当してくれ」とまったく畑違いの部署のリーダーを指名することもあったという逸話も伝わっています。

それはともかく、担当者と期限の決定は会議には必須の要素だということは、みなさんの心に深くとめておいてください。議事録を読んだあと、担当者と期限をあげて進捗状況を確認する。会議はそこからスタートすべきです。議事録をとっているという組織はそう多くはないかもしれませんが、「担当者・誰々／期限○月○日」といったメモ程度でも十分間に合います。

そうした会議スタイルが定着すれば、組織は驚くほど活性化します。どんな組織も閉塞状況にあるというのが私の印象ですが、その状況を打ち破ることもできます。病んでいる組織の特効薬は、会議の見直しです。

◆事例——会議で黒字化した通販企業

インターネット関連の企業で、ネットショッピングのサイトを持っている会社のお手伝いをしたことがあります。同社はネットショッピングでは歴史があるところだったのですが、業績があがらず、赤字の時期が続いていました。

そこで、会議を変えました。それまでの会議は上からの報告、叱咤、檄《げき》という、従来型の定番に終始していて、現場からの発言はあがってこなかったのです。会議の在り方を話すなかで、トップから、「私が発言できない雰囲気をつくっていたんですね。これは根本から変えなければいけませんね。そうしましょう」というお墨付きを得て、意見、提案、何でもウエルカムの会議をスタートさせたのです。

現場はさまざまな思いを持っていました。しかし、それまでは売上の数字を示され、「もっとがんばれ」という空気が会議を支配していたため、それが封じられていたのです。サイトをこう変えたほうがいい、アイテムについてこんなふうに思っている、社内でのコミュニケーションに問題がある……。まさしく、堰《せき》を切ったように現場の声があふれ出てきたという感じでした。

それらをとりまとめ、改善プランを立て、実行するところまで確実にステップを踏んでいったところ、業績は上向き、ついには黒字化するにいたったのです。会議のやり方を変えたことが組織変革に繋がったのです。

このケースでの経験からいえることとは、会議を変えるには、やはり、雰囲気づくりが非常に重要になるということです。

「これから会議の在り方を変える。何でもいいたいことがあったらいえ。どんなことでも発言しろ」

トップやリーダーが毅然と宣言することが重要です。それでも、すぐに会議が変わるものではありません。上から目線、高飛車な姿勢では、〝ウエルカムの姿勢〟は伝わらないのです。参加者の気持ちは、「へたなことをいったらどやされる」「つまらないことをいったらバカにされるのではないか」といったところにとどまっています。

前にお話しした「アンフリーズ」（44ページ参照）が必要です。

「これからの会議は、みんなの意見を聞く場にしたいと思うのだが、どうだろうか？　そんな会議づくりにみんなで協力して欲しい」

といった言葉を投げかけることから始めてはどうでしょうか。そして、ちょっと的外れな意見、耳が痛い訴えなどに対しても、「発言してくれたことがすばらしい」という受けとめ方をすることです。

そうすることで、なんでもいえる、いってかまわない、という雰囲気がつくられ、会議は劇的に変わります。

第4章

「最近の若者は……」という病

すべての上司が時代遅れなマネジメントをしている

◆高度成長期のマネジメントが通用しない

リーダーにはさまざまな役割があります。商品市場においては顧客から選ばれるために戦略を描くことや、その実現に向けてPDCAをまわすことが求められます。もう一方で、労働市場においてはメンバーから選ばれるために、個々のモチベーションを高めていくことが要求されます。それがマネジメントであり、そのいかんで組織は強くもなり、弱体化もします。

モチベーションのマネジメントをするうえでもっとも大事なことは、リーダーが提供するものとメンバーが求めているものが合致していることです。両者の間にギャップがあれば、組織に不和が起こり、メンバーのモチベーションも低下します。

その観点からマネジメントの現況を見ると、厳しい現実が蔓延《まんえん》しているのが現状です。リーダーとメンバーの価値観、就労観には大きなギャップがあり、それはますます広がっているかに見えます。

端的にいえば、メンバー側はすでに高度成長期とは明らかに仕事に求めるものが違ってきているのに、リーダーは相変わらず、高度成長期のマネジメントをしている、ということになります。

繰り返しになりますが、高度成長期に人びとが求めていたのは物質的な豊かさでした。仕事についていえば、給与やポストがモチベーションを喚起するもののトップランクにあったのです。新入社員に「会社に何を求めますか？」と聞くと、迷いなく「一に給与、二に昇進」という答えが返ってくる時代でした。

ですから、リーダーに求められたのはそれに応えるマネジメントでした。つまり、「俺についてくれば、出世させてやる」「給与を上げてやる」というタイプのリーダーが、メンバーにとって望ましかったのです。

しかし、時代は成熟社会へと移り、物質的な豊かさを誰もが享受するようになって、求めるものが大きく変わりました。先の問いに対する答えも、「仕事のやりがい」「自己成長」といったものになっていることも、前述のとおりです。

そうした時代の変化、それにともなう思いの変化が厳然とあるのに、リーダーのマネジメントはそれに対応できていません。「今の仕事にやりがいが見つからなくて、モチベーションが下がっています」「成長実感が持てなくて、やる気が起こりません」というメンバーに対して、高度成長期の頃の時代遅れのマネジメントで応酬しようとしても、結果が出るはずがないのです。

「やりがいとか何とかいう前に、給料をもらっているんだから、やるべきことはやれ」「自己成長なんて能書きはやることをやってからいうものだ」……。そんなリーダーがけっして少なくありません。私も、明らかにこのタイプのリーダーでした。

どちらの言い分が正しく、どちらが間違っている、ということはありません。まだ一円の売上もあげていない新入社員が、月額二〇万円、三〇万円の給与をもらいながら、「この仕事は自分のやりたいことじゃないんですけど……」といっぱしのことをいっているのを聞けば、リーダーとしては文句の一つ、皮肉の二つもいいたくなるでしょう。

「おまえねぇ、二〇万円、三〇万円をおまえに支払うために、先輩がどれだけ苦労して働いてるか、わかってる？　戦力になってなくて、三〇万円の高給取り。羨ましいねぇ」

もちろん、口に出してはいいませんが、リーダーには少なからず、そんな思いがあるのではないでしょうか。

しかし、思いはどうあれ、時代は変わり、若者の気質も高度成長期とは違っているのです。好むと好まざるとにかかわらずその変化に適応していかなければ、組織をまとめられず、新しい時代にリーダーとしての職責をまっとうすることはできません。ダーウィンの例を引くまでもなく、適者生存は世の習いです。

◆成果主義人事制度の限界

一九九〇年代にこぞって企業に導入された成果主義人事制度。文字どおり、成果をあげた人により高い給与やポストを与えるという制度で、日本の企業が長く保持してきた年功序列に代わる新人事システムとして注目を浴びました。

いってみれば、「がんばった人が報われる」わけですから、働く側にとってはこれほど好ましい制度はないとも見えます。しかし、思ったように機能しなかった会社が多かったように思います。

給与やポストを求めていない若者層が、お金というエサだけをぶら下げても動かなかったからです。

成果主義人事制度については、成果に対して報いていくという考え方そのものに問題があるわけではありません。組織の成果を個人にどう分配するかという問題と共に、報酬を地位報酬や金銭報酬に限定して捉えたことが失敗の一因であったと考えています。

◆「今どきの若者は……」といったら負け

マネジメントがうまくいっていないリーダーが口にする共通のセリフに、「まったく、今どきの若者は……」という言葉があります。しかし、「平成生まれの考えることはわからん」、そんなセリフはいったら負けです。

これらの言葉の裏側にあるのは、「俺たちの若い頃は……」という思いです。この二つは対句になっていて、地位や昇給を求めてがむしゃらに働いた若かりし日の自分たちと最近の若者を比べて、少なからず批判的な気持ちがこもっていることも少なくありません。

しかし、考えてみてください。現在リーダーの立場にいる人間がマネジメントしなければいけないのは、〝若い頃の俺たち〟ではなく、〝今どきの若者〟のほうなのです。

そうなると、冒頭の常套句はマネジメントできない自分へのいい訳にしか聞こえません。反論はあるでしょう。「そうはいっても、今どきの若者は理解できない」「今どきの若者気質についていけない」「自分たちとは〝人種〟が違う」……だから、マネジメントができなくても仕方がないじゃないか……。

そう思ったことがある方に断言しますが、それは違います。

理解できなくても、気質についていけなくても、異人種としか思えなくても、マネジメントはできます。なぜなら、マネジメントは「スキル」だからです。

「今どきの若者は……」でマネジメントを諦めてしまうことは、そのスキルを身につけることを放棄しているに等しい。やるべきことはあるのに、それをやらないで、放り出してしまうのは、組織の成果に責任を持つリーダーとして、好ましい態度ではありません。

今どきの若者を前に、敗北宣言に等しい「今どきの若者は……」というセリフをのみ込んで、価値観が異なっても効果を出せるマネジメントのスキルを磨くことをお勧めします。

理解できない若者のマネジメントを諦めれば、あなたのチームの業績が上がることはないでしょうし、それはすなわち、マネージャーとしてのあなたの能力に味噌がつくことを意味します。スキルさえ身につけてしまえば成果をあげられるのに、どちらが正しいわけでもない「価値観」の違いを理由に諦めてしまっては、もったいないと思いませんか。

部下が上司にシラけている理由

◆マズローの欲求階層説が示すもの

人間にはさまざまな欲求があります。それを段階的に分けて理論化したのがアメリカのアブラハム・マズローという心理学者です。マズローは欲求を五段階に分けています。

1. 生理的欲求
2. 安全の欲求
3. 所属の欲求
4. 承認の欲求
5. 自己実現の欲求

この五つはピラミッド型になっていて、いちばん低位にあるのが生理的欲求、以下2〜5まで順により高位の欲求となります。人間は低位の欲求が満たされると、その上の欲求を求めるようになる、とするのがマズローの理論です。

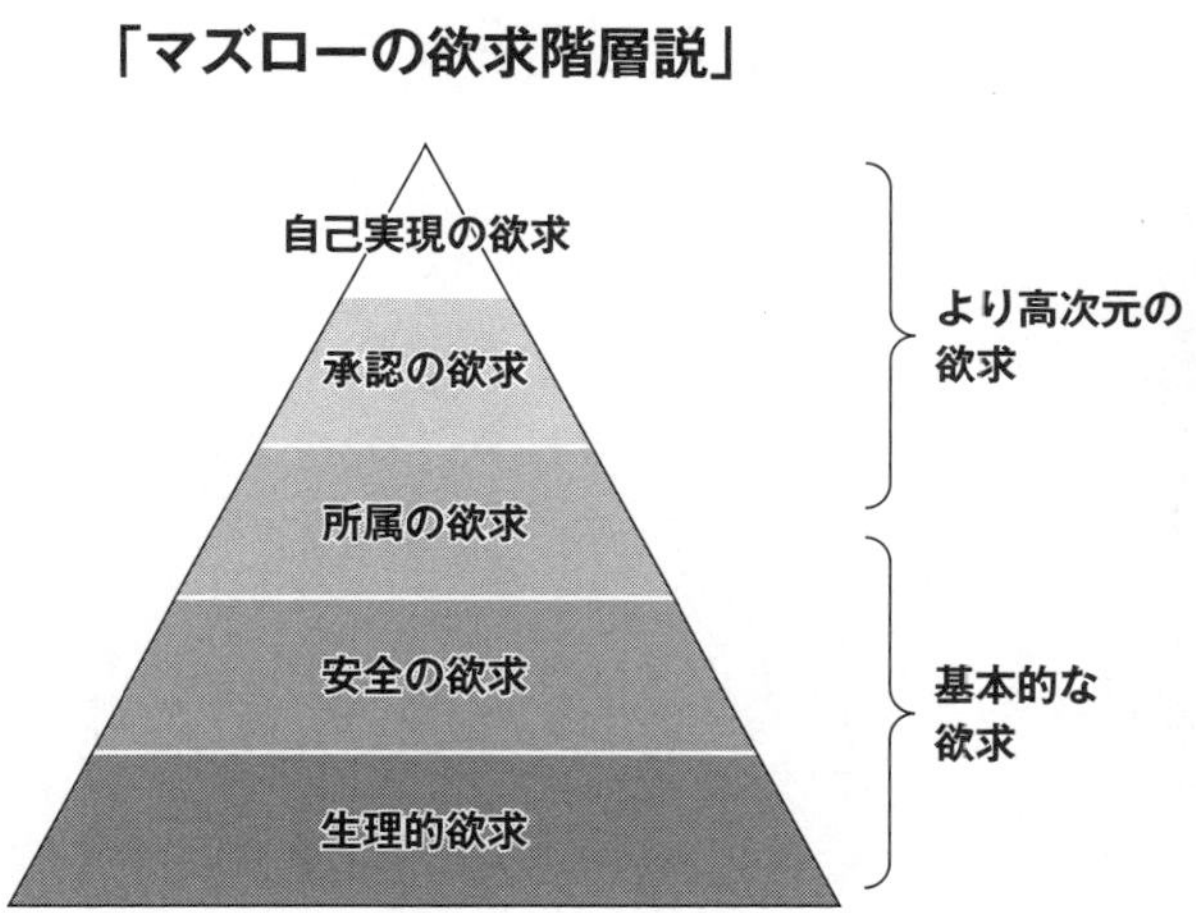

生理的欲求は、生きていくための基本となる、たとえば食欲や睡眠欲など、生理的、本能的な欲求です。安全の欲求は、危険を避けたい、安全に暮らしたいといった欲求。雨露をしのぐ家が欲しい、健康でいたいなどがこれにあたります。所属の欲求は、仲間が欲しい、集団の一員でいたいという欲求を指します。承認の欲求は、他人から認められたい、敬意を集めたいという欲求で、もっとも高位にある自己実現の欲求は、自分の能力を発揮して、何ごとかを成し遂げたいという欲求です。

◆承認欲求は自然なもの

現在の日本を考えれば、生理的欲求、安全

の欲求、所属の欲求までは自然と満たされていると考えていいでしょう。ふつうに考えれば、食べるのには困らないし、住む家もあって、安全も保たれている人がほとんどです。また、家族や学校、職場など、自分の居場所もあるというのが、平均的な日本人の暮らしだと思います。

つまり、求めているのはそれより上の欲求ということになります。

今の若い人の多くはまず、四番目の欲求、「承認されること」を求めているのです。そこにマネジメントのカギがあり、スキルがひそんでいます。

それなら、話は単純です。求めていることを満たしてあげる、すなわち承認すればいいのです。

承認するには、大きく二つのアプローチがあります。

一つは、「ツメる」より「褒める」こと。もう一つは、「課題」ではなく「期待」を伝えることです。順を追って説明していきます。

まずは、褒めること。これができないマネジメントは、迷わずそこから改善すべきです。実際、承認していないことが、チームがうまくいっていない大きな要因となっている組織は非常に多いのです。

「がんばってくれてありがとう」
「いつも丁寧な仕事で助かっているよ」
メンバーにそんな言葉をかけたことがありますか？
抵抗感はあるかもしれません。「そんな歯の浮くようなことはとてもいえない」というリーダーがいても不思議はありません。「どうしてこれができない」「もっとこうしなきゃだめだろう」といった類いの声かけが、メンバーとのコミュニケーションの主体になっている、というリーダーは多いのです。

そこで、こう考えたらどうでしょう。現在のマネジメントには承認欲求を満たすことが求められていて、それができるということがリーダーに必要なスキルなのだ、と考えるのです。それが求められるスキルであれば、好きだ、嫌いだ、得手だ、不得手だ、などとはいっていられません。

仕事にはさまざまなスキルが要求されますが、それらを身につけるための努力を惜しむべきではないし、誰もが努力をして身につけてきたはずです。それがビジネスパーソンとしての基本的な姿勢でしょう。

このスキルも同じです。他のスキルがそうであったように、自分の個人的な思いや気分などはいったん脇において、とにかく身につけることに集中してみたらどうでしょうか。スキルと割り切ってしまえば、沽券《こけん》がどうの、プライドがどうの、といったことに縛られることもないと思うのです。

ただし、承認の欲求が少ない人もいます。私自身もそのタイプだと思っているのですが、いわば、自己承認できるタイプです。この人たちは、他人から承認して欲しいという気持ちが薄い。周囲からどう思われても、それほど気にならないのです。

自分の主張や意見に対して、「これじゃあ、ものにならない。もう少し考えたほうがいい」と上司からダメ出しされても、それが納得できるものであれば、「なるほど、確かにそっちのほうがいいな」とへこむこともなく、すぐに受け入れられます。

実際、私がここ一〇年の間でトップに褒められたのは、数えるほどです。それ以外はひとこと、ふたこと、厳しい言葉を頂戴するわけですが、それで落ち込んだり、悩んだりすることはありません。もちろん、モチベーションが下がることもありません。

もっとも、若い世代についていえばこのタイプはごく少数派だと思いますので、このタイプの私のようなリーダーが部下の気持ちをわからずに嫌われていたというのは、当然のことだったのかもしれません。

◆「褒める≧ツメる」で組織が変わった

現在、周囲からすばらしい組織づくりをしていると評価されているインターネット関連のある会社は、一時、組織がガタガタになったことがありました。

高い目標を設定して、それを達成するためメンバーに厳しい指摘と要求をしたのが原因でした。「まだがんばりが足りない」「もっとできるはずだ」。リーダーたちのメンバーに対するコミュニケーションは、その方向に終始したのです。ツメにツメた、というわけです。

しかし、これが裏目に出ました。退職者が相次ぎ、残ったメンバーのモチベーションも目に見えて下がっていきました。しかし、会社が伸びるためには厳しいツメは必要……そこで考え出されたのが、「ツメ／褒め」二方面からのコミュニケーションです。

メンバーに対してはこれまでどおりツメていく。しかし、その一方でそれ以上に褒めるコミュニケーションもとる、というのがその中身です。ツメをやめてしまうと、組織のたががゆるみます。そこで、たがはしっかり締めたまま、褒めることによって、息苦しい空気感や圧迫感を取り除いたというのが、この二方面コミュニケーションのすぐれたところです。職場の壁には「褒めⅡVツメ」と書かれた紙を張り出して、リーダーからメンバーへのコミュニケーションを徹底的に変えていったとのことでした。ツメと褒めの両刀使いで、組織はみごとに生まれ変わり、今は前述したように、勢いのある組織として周囲からの羨望をほしいままにしています。

◆事例——褒めるのが苦手なリーダー

承認欲求を満たすもっとも基本的で効果的な方法が、褒めることです。これは私自身のケースですが、正直をいうと、私は褒めるのが苦手です。褒め言葉を口にしている自分が、どこか照れくさくなってしまうのです。

だいいち、褒めようにも褒めどころが見つからないという場合もある。たとえば、まだ箸にも棒にもかからない新入社員を褒めることを考えてみてください。

『仕事？　まだまだ……』『挨拶？　う〜ん、いまいち……』『やる気？　あって当たり前でしょ……』。こんな部下を、さて、どう褒めたらいいのでしょうか。

しかし、それでも褒めるところは必ずあります。それが私の体験的実感です。こんなことだって褒められます。

「毎日、遅刻もせず、会社にきているな。それがいちばん大事なことだよ」

「おまえは風邪もひかず、いつも元気だな！」

これなら、新入社員にもお世辞でない褒め言葉がいえるのではないでしょうか。


私としても、抵抗がなかったわけではありません。弊社はコンサルティングのプロ集団です。であるなら、メンバーはプロ意識があってしかるべきでしょう。新入社員といってもその一員なのですから、無遅刻無欠勤をもって褒めるというのは、少々、甘やかしすぎではないか。そんな気持ちはありました。

しかし、マネジメントの鉄則は「何が正しいか？」ではなく、「どうすればうまくいくか？」をつねに追求していくことです。現実に承認欲求がそこにあり、褒めることでそれに応えられるなら、抵抗があろうが、なかろうが、そうしていく。それが鉄則を外さないことだと思い直したのです。

褒めるところがなかなか見つからないなら、リーダーはメンバーの一人ひとりについて、いいところを一〇個書き出してみたらどうでしょう。どんな些細なことでもいいから、「いい」と思えるところを見つけるのです。それはそのまま褒めどころになります。

もう一つ、私が考えたのは仕組みの導入です。毎月一回、弊社では月の締めの会議をおこなっています。その会議では賞賛だけをします。褒め言葉以外は口にしません。そんな仕組みです。仕組み化しなければ、ついお説教や小言をいいたくなるのがリーダーのサガでしょう。

組織にツメは必要ですから、通常の会議では、「もっとこうしたほうがいい」「ここをやらなければいけない」ということになりがちです。しかし、この会議だけはツメの言葉を封印して、「ここは前に進んだじゃないか」「あの部分はリカバリーできたな」ということだけをいうようにしたのです。

ものごとには、必ず、二つの面があります。目標から現状を見たときに、足りない部分、できていない部分がある一方で、できていることもあるのです。そこに目を向けましょう。それこそが、この会議の眼目です。忙しいリーダーであるほど「時間の無駄」に見えてしまいがちではありますが、限定的にこうした会議を設けることは、大いに意義があります。騙されたと思って一度やってみていただきたいと思います。

部下のモチベーションは上司次第

◆課題ではなく、期待を伝える

「ツメるだけでなく褒める」と同時にお勧めするのは、「課題ではなく期待を伝える」ことです。

メンバーに課題を伝えることもリーダーの役割です。その際、ともするとこういうことになります。

「どうしても、いつも資料が不十分だな。これじゃあ、説得力に欠ける。資料はしっかり集めないと、交渉力そのものが弱くなってしまうぞ」

このメンバーの課題は、完璧な資料、交渉に強い資料をつくることです。リーダーはそれを端的に伝えています。しかし、前項の承認欲求を満たすという意味合いからすると、この伝え方では不十分です。

できない自分、足りない自分を意識させられるだけでは、モチベーションが下がってしまいます。もちろん、指摘すべき点はしっかり指摘すべきですが、同時に期待を伝えることが大事です。「カッチリ資料をそろえたら、企画書のクオリティは格段に上がる。そこはおまえにかかっているんだ。おまえならできる。頼むぞ」

伝える内容は同じでも、期待感を添えることで、受けとる側の印象はまったく違ったものになります。期待されている自分を感じたら、承認欲求も満たされますし、なにより、モチベーションが上がります。必然的に、仕事のクオリティも上がっていきます。

◆「目標の魅力×達成可能性×危機感」という公式

次に、承認よりもさらに高次元の欲求、「自己実現」について考えます。

部下の自己実現欲求を満たすためには、モチベーションについてもう少し踏み込むことが必要です。

私たちはモチベーションを三つの要素から考えています。「目標の魅力」「達成可能性」「危機感」が三要素です。この三つのバランスで、モチベーションは決まります。

恋愛を例にすれば、たとえば、相手がドストライクの超タイプ、たとえばモデルやタレントだった場合（①）なら、「目標の魅力」は、当然高くなります。

一方、自分に思いを寄せてくれる相手（②）がいたとすると、こちらは「達成可能性」

が高いといえます。さらに、もしあなたが結婚適齢期を気にしている（③）ならば、「危機感」が高いことになります。

現実的にこれらを分析すると、①の達成可能性は低く、②では相手が自分のタイプでなければ「目標の魅力」が低いことになり、③も適齢期超えまでまだ時間があれば、「危機感」は低くなります。

これら三つの要素がモチベーションを高めたり、低くしたりします。目標の魅力の高さはモチベーションを高める方向で働きますが、達成可能性が低ければ、低いほうに引っぱられます。そのせめぎ合いのなかで、モチベーションはしかるべきところに落ち着くのです。

①では達成可能性は低いのですが、目標の魅力の高さがそれを押さえ込めば、その恋愛に対するモチベーションは高いものとなり、「よし、とにかく、アタックだけはしてみよう！」ということにもなるわけです。

仕事の場面を想定すれば、目標の魅力は、それをやりたいかどうか「will」、達成可能性は、それはできることか「can」、危機感は、それはやらなければならないことか「must」という置き換えができるでしょう。

「モチベーションの公式」

モチベーションの高さ

＝ **目標の魅力（やりたい）** × **達成可能性（やれる）** × **危機感（やらなきゃ）**

目標の魅力（やりたい）
- 自分が行っていること自体が魅力的
  ⇒例）仕事が楽しい！
- 行った結果、得られるものが魅力的
  ⇒例）自己成長につながっている！

⬇

ラダー効果

達成可能性（やれる）
- うまくいけば達成できそうである
  ⇒例）このまま進めばよさそうだ！
- 取るべき行動が明確である
  ⇒例）次やるべきことはこれだ！

⬇

マイルストーン効果

危機感（やらなきゃ）
- ピンチに陥っている
  ⇒例）このままだとまずい…！
- 今の行動を続けた先には、よくない結果が待っている
  ⇒例）未達成なんて、恥ずかしい！

⬇

コミットメント効果

ここでも、この三つのバランスでモチベーションは決まるわけですが、リーダーの働きかけも少なからず影響を与えます。

「この部署の仕事は自分がやりたいこととは違います。別の部署でなら思いっきりやれると思うんですが……」

そんなメンバーがいたとします。「will」がモチベーションを下げているわけです。さて、リーダーはどう対応したらいいのでしょうか。このケースで大切なのは「must」への働きを中心とした対応です。

「やりたいことが他にあっても、今与えられている仕事は、やらなければいけないこと（「must」）なんだ。だから、それを一生懸命やれ。どんな仕事でもやり遂げたら、その達

成感でできること（「can」）が広がっていく。そのうえで、やりたいこと（「will」）はこれだ、ということをいったらいい。そうしたら、部署異動の実現可能性も高くなるだろう」

一例を挙げればこんな感じです。もしあなたの組織のメンバーのモチベーションが下がっているとすれば、三要素の具合はどうなっているでしょうか？

◆意義や未来を語れるか

仕事には三つの側面があります。一つはいうまでもなく、それに取り組むという「行動」、二つめは何のためにそれをするかという「目的」、そして、最後はその仕事はどんな意味を持っているのかという「意義」です。

これらもモチベーションと深くかかわっています。三人のレンガ職人の寓話をご紹介したいと思います。

あるところに、三人のレンガ職人がいました。通りかかった人が彼らに「何をしているんですか？」と尋ねます。三人の答えは以下のように三者三様でした。

「見ればわかるだろう。レンガを積んでいるのさ」

「レンガを積んで教会を造るのさ」

「教会ができれば、みんながそこで祈りを捧げ、心が癒やされたり、幸せを感じたりするだろう。そのために俺はレンガを積んでいるんだ」

さあ、この答えから三人のモチベーションの違いが読み取れるでしょうか。一人は仕事を単なる「行動」として捉えています。それに対して二人目は教会を造るという「目的」を持って仕事をしている。最後の三人目はレンガを積むという仕事に、人びとの心を癒やし、幸せにするという「意義」を見出しています。

そう、モチベーションがもっとも高いのは、三人目のレンガ職人です。寓話の中では三人目のレンガ職人がもっとも成功を収めたとされています。

行動として仕事を捉える→目的を持ったものとして仕事を捉える→意義あるものとして仕事を捉える。仕事の捉え方におけるこの変化は、そのままモチベーションの変化と連動しています。とくに、前項で説明した「目標の魅力＝will」に、密接にかかわっています。

梯子《はしご》を昇るように、しだいにモチベーションが高くなっていく。私たちはこれを「ラダー（梯子）効果」と呼んでいます。

　このラダー効果を活用することも、リーダーとしてのスキルです。メンバーに仕事の指示をする場合に、行動のみの指示にとどまってしまうか、目的にまで言及できるか、さらには意義や未来を語れるか。その差によってメンバーのその仕事に対するモチベーションは、大きく違ってくるのです。メンバーが梯子を昇れるかどうかは、リーダーにかかっています。

「この資料をそろえておいてくれ」（行動）

「明日の会議のための資料をそろえておいてくれ。会議では資料の検討が中心になるから、部数不足などがないように頼むよ」（目的）

「資料づくりは単純な仕事に見えるけれど、じつはこれが交渉時のこちらの最大の武器になるんだ。将来、大きな交渉をまかせることにもなるんだから、資料づくりはそのときのための大事な勉強だ」（意義／未来）

　上司の指示の仕方の違いによって、資料をそろえるという仕事の質が変わってきます。ただ機械的に資料をつくるところから、つくりあげた資料に漏れはないか、部数は足りているかと確認するところへ至り、さらにそのレベルを超えて、資料をより見やすく、わか

「目的や意義によって仕事のモチベーションは高めることができる」

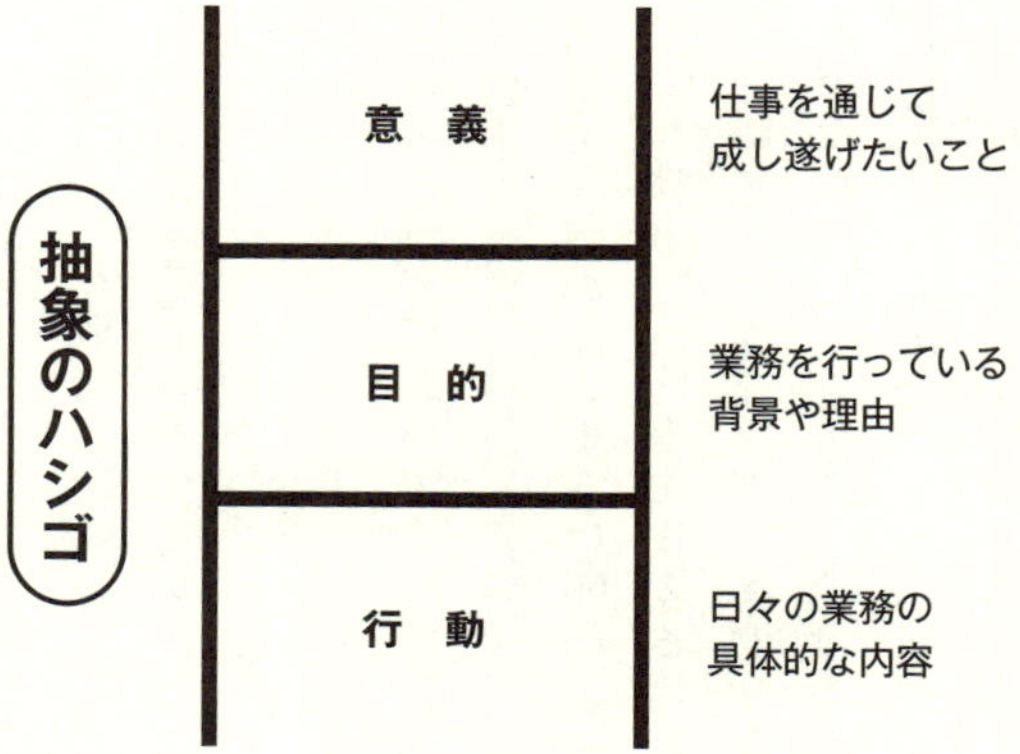

りやすくするために、自分の工夫を加えるということにもなっていく。モチベーションの違いがそうさせるのです。

別のいい方をすれば、「ちぇっ、資料づくりかよ」という〝つまらない〟仕事が、「(交渉のための)どこにも負けない最強の『武器』をつくってやる」という〝やりがいのある〟仕事に変わっていくということです。

仕事の意義や未来を語れるリーダーによって、メンバーのモチベーションは高まります。

◆成長実感も上司で決まる

自分が成長していることが実感できる、ということも高いモチベーションを持ち続けるうえで欠かせません。既に書いた「達成可能性＝can」を上げていくためには、成長実感を与えてあげることが効果的です。

「去年と比べて、俺って、ぜんぜん成長してないじゃん。もう、伸びしろがないのかな」

そんな気分はモチベーションを間違いなく低下させます。

成長実感は達成感と緊密に結びついています。仕事にはスタートとゴールがあり、ゴールに到達すれば達成感を得られますが、長いスパンの仕事の場合は、その間にゴールインできるかどうか不安を感じる時期があるかもしれませんし、仕事の進め方に疑問が生じることだってあるでしょう。

不安や疑問はモチベーションを低下させます。たとえば、四二・一九五キロのフルマラソンも、何時間何分でゴールインしろといわれたら、走れるだろうかと不安にもなるし、走っている間にも、このペースでいいのかという疑問が湧いてきます。走りに集中できないわけです。

しかし、最初の一〇キロはこのタイムで、次の一〇キロはこのタイムで走ろう、ということなら、集中力がそがれることはない。モチベーションを保ち続けられるのです。

仕事も同じです。リーダーから「来月の末までにこの仕事を仕上げてくれ」といういい方をされたら、「できるかなぁ?」という気持ちにもなります。しかし、「仕上げるのは来月末だが、この一週間でここまでやってみてくれ」という指示だったら、「それならやれそう」ということになるはずです。

ポイントは、〝一週間〟というところに、一つの道標が置かれたことです。私たちはこれを「マイルストーン効果」といっていますが、最終的なゴールまでの間に、小さな目標をいくつか設定することで、モチベーションの低下を防ぐことができるのです。

そしてメンバーは、小さな目標をクリアすることで達成感が得られるという仕組みです。「ここまでできた」という思いは、まさしく成長実感そのものでしょう。

もう一度、先のリーダーの指示の出し方の違いに注目し、ぜひ、成長実感をもたらす指示を心がけてください。

仕事に取り組むときにいちばん気分が乗らないのは、「押しつけられた仕事」「やらされている仕事」という感覚を持ったときです。新入社員やそれほどキャリアを積んでいないメンバーは、どうしても、この感覚になりがちです。

それを払拭するのがリーダーのこのひとことです。

「おまえ（〇〇くん）、この仕事やる？　やらない？」

キャリアの浅いメンバーが指示された仕事を断ることはないと思いますが、ここで、「はい、やります」と返答をさせることがポイントなのです。自分の口で「やります」といった以上、「選んだのは自分だ、どんなことがあってもやりきらなければ」という気持ちが湧いてきます。これが「コミットメント効果」です。

少々しんどくても、怠け心が出そうになっても、その効果がモチベーションをキープしてくれます。これもリーダーが心得ておきたいスキルの一つといっていいでしょう。

◆事例――「何が正しいか」より「どうすればうまくいくか」

私の部署では月末の会議を〝ツメ封印〟にしていることはお話ししました。しかし、それだけでは承認欲求を満たすことができない若い世代もすでに登場してきています。

会議では、目標とその達成率のランキングを発表するということもやっています。達成率をメンバー間で共有すること、達成率の高いメンバーを拍手でたたえることがその目的です。

ところが、これに新入社員からクレームがついたのです。

「ランキングなんてやめませんか？　仲間内で順位をつけ、競争心をあおるようなことをしても、みんなぜんぜんモチベーションが上がらないと思うんです」

モチベーションのエンジン、つまりモチベーションを上げる原動力として、与えられた目標を達成したいという思いや競争に勝ちたいという気持ちは大切だ、と私個人は思っています。達成率のランキングも、その思いや気持ちを掻き立てるための仕掛けとしておこなっていました。しかし、今現在の新入社員世代には、どうもこれが通用しなくなっているようです。

考えてみれば、それも無理のないことかもしれません。なにしろ、小学校の運動会の徒競走で、ゴール前になったらみんなが手をつなぎ、一緒にゴールする学校もあるという世代です。そもそも競うという思考も発想もないのは、その〝教育成果〟といえなくもありません。

「会議の中身を変える必要があるのかな」

最近はそんなふうに考えています。目標達成とか、競争ということから離れる必要はないと思っていますが、それに加えて、たとえば、顧客への貢献といったことにフォーカスを当てて、「今月はクライアントから、ここがとても役立っている、といってもらった。

担当者は誰々。がんばったな」という方向にスイッチしていくことも視野に入れています。

これは、その若い世代におもねることとは、断じて違います。あらためていいますが、マネジメントの要諦は、「何が正しいか？」ではなく、「どうすればうまくいくか？」をつねに探り、それを実行していくことです。

その世代に通底している気風が、自分とはまったく異なるものであるなら、それを的確に読みとり、アプローチの仕方を変えていくことがリーダーの仕事、それも王道の方法です。どちらが実績をあげるか、それがすべてではないでしょうか。

的確に読みとる眼力、躊躇せず、実行に移していく胆力も、リーダーに求められるものだ、と考えています。

第5章

「何回同じことをいわせるの？」という病

すべての職場で間違った人材育成がおこなわれる

◆リーダーの口癖「何回同じことをいわせるの？」の本当の意味

前章では、いかにメンバーのモチベーションを高めるかについてお伝えしましたが、リーダーはメンバーのモチベーションを高めるだけではなく、ビジネスパーソンとしての成長や自立をサポートすることが同時に求められます。究極的には、リーダーがモチベーションなど高めなくても、自らのモチベーションをコントロールして仕事に向かうように育成を図ることが大切です。本章では、いかにしてメンバーを育成し、能力を高めるかについてお伝えしたいと思います。

メンバーに仕事の経験を積ませながら育てていく。その際、リーダーがいちばん望んでいるのは〝打てば響く〟というリアクションでしょう。自分がいったことを、自分が思っているように、メンバーが的確に実行に移してくれる……。しかし、そうしたケースはきわめて稀《まれ》です。

そこで、次の言葉が出ます。

「何回同じことをいわせるの？」

思いあたるフシがあるリーダーは少なくないはずです。おそらく、リーダーの誰もが一度ならず、口にしているのではないでしょうか。

リーダーは思っています。「まったく、理解力がないんだよな……」「なんて飲み込みが悪いんだ！」。何回も同じことをいわなければいけないのは、すべてメンバーにその責がある、とリーダーは決めつけています。

じつはここに、多くの会社で人材育成がうまくいっていない最大の理由があるのです。この言葉を使う頻度が高いというリーダーが、メンバーの〝不出来〟を嘆くのはおおいなる筋違いです。

実際のところは、メンバーに理解力がないのではない。飲み込みが悪いわけではないのです。リーダーの人材育成のやり方が間違っています。リーダーは自分のやり方をこそ、疑ってかかるべきです。これが現実です。

ところが、リーダーはそのことに気づいていません。だから、何回も同じことをいうことになるし、それに応えられないメンバーを、いつも苦々しく思うという結果になる。まさに、堂々めぐりが繰り返されている。これが、人材育成の実態です。

自分のやり方が、アプローチの仕方が、間違っているのではないか？　人材育成はそう認識することから始めなければいけません。

◆名プレーヤー、名監督にあらず

スポーツの世界でよくいわれるのが、現役時代に輝かしい実績を残した名プレーヤーが、チームのリーダー、チームをマネジメントする立場になると、うまくチームをまとめていけないことがしばしばある、ということです。実際、日本のプロ野球界を見ても、サッカー界においても、そんなケースがいくらも散見されます。

企業でもまったく同じ図式が見られます。組織のリーダーに就くのは、たいがいの場合、営業の凄腕であったり、企画の切れ者であったり、商品開発の手練《てだ》れであったりするでしょう。いずれもプレーヤーとして、押しも押されもせぬ成果をあげてきた人たちです。

しかし、〝自分ができる〟ということと、〝人に教えられる〟ということは、決定的に違います。少し考えれば、それは自明のことでしょう。

たとえば、サッカー界にリオネル・メッシという選手がいます。リーガエスパニョーラのＦＣバルセロナに所属している、世界ナンバーワンともいわれるプレーヤーです。そのメッシがサッカー少年たちを前に、「これからフリーキックを見せるから、みんな同じようにやってみて」と〝指導〟したとします。メッシは軽々とフリーキックを決めるでしょう。しかし、少年たちにはできっこない。そこで、メッシが、

「足のこの部分で、ボールのここを蹴るんだ。ほら、このまま振り抜けばいいだけじゃないか！」

と何回同じことをいっても、少年たちができるようにはなりません。当たり前の話です。メッシと少年たちは〝違う〟からです。

同じように、営業の凄腕、企画の切れ者、商品開発の手練れであるリーダーと、メンバーたちは違うのです。リーダーの「自分流の押しつけ」は、人材育成で失敗するもっとも典型的な指導法だといっていいでしょう。

状況や相手に合わせた指導をする。それが、名プレーヤーが名監督になるためには必要です。

◆マネジメントを間違った方向に導く「バズワード」

どの組織も、人材育成には手を焼いています。「これだ！」という決定版がないため、模索を繰り返しています。そこで、もっともらしい時代の流行語に飛びつくことにもなります。

これまで人材育成に関するキーワードがいくつ語られてきたでしょうか。

たとえば、「コーチング」。対話によって相手の自発的な行動を促すコミュニケーションの手法ですが、これがもてはやされると、多くの組織が先を争うようにコーチングを取り入れるようになりました。

叱ることを見直そうという流れもありました。これもこぞって組織に受け入れられました。

「コンピテンシー」という語もありました。成果をあげている、いわゆる〝できる社員〟の行動特性などを分析して、その結果を他の社員の行動にも反映させ、成果をあげさせるというものですが、これもまた、大流行となりました。

しかし、結果はどうだったでしょうか。人材育成が画期的に好転したという話はいっこうに聞こえてきません。もちろん、ここに挙げた一つひとつの手法が間違っているということではありません。それぞれを見れば、みんな正しいことをいっています。

問題はそのときどきで流行する手法に注力しすぎてしまうことにあります。そればっかりをやってしまうのです。

さまざまな手法を組み合わせ、使いこなして、組織に合った人材育成の仕組みをつくっていくことが大切なのに、その総合的な視点を忘れ、視点が一点に集中してしまうことが人材育成に難儀しているという現状を生んでいます。

こうした時代の流行語「バズワード」は、説得力があるように見えても、結局のところその意味や目的を正しく理解し、適切に活用されていないというのが、私の見方です。このバズワードに惑わされてはいけません。

効果の高い薬も、使い方を誤ると毒にもなります。バズワードにはそんなイメージが重なります。残念ながら、多くの組織を見渡してみても、効果を十二分に得ている組織は見当たりません。

まず変わるべきは上司

◆自分が受けたマネジメントをそのままやっていないか

リーダーが「メンバーのマネジメント」と聞いて、最初に考えることは何でしょう。真っ先に頭に浮かぶのは、自分が受けたマネジメントです。この上司が自分を育ててくれたという感覚を持っていればいるほど、その手法を参考にしようと思ってしまう。

たとえば、「俺の背中を見ろ」というタイプのリーダーのもとで育った人は、多くを語らず、率先垂範の姿勢でメンバーを育てようとする傾向があります。自分がバリバリ仕事に取り組めば、メンバーは、必ず、その姿を見て育ってくれるはずだと考えるわけです。

自分がマネジメントされていた時には「自分はもっと違った方法でチームをまとめよう」と心に誓っていても、気づけば同じような手法をとっていることはけっして少なくありません。

しかし、自分が「背中を見せて育てる」マネジメント手法で立派に育ったとしても、メンバーが脇見、よそ見ばかりしていて、少しも背中を見ないタイプだったら、このマネジメントは失敗に終わります。

リーダーから「噛んでふくめるように」さまざまなことを教わりながら育ってきたリーダーは、その手法を踏襲するでしょう。しかし、それがうまくいく保証はどこにもありません。最近の若者世代の在り様を思えば、「うちのリーダー、かなりうざくね？」ということにもなりかねません。

しかし、自分が受けたマネジメントが金科玉条だと信じて疑わないリーダーは、「なぜ育たないのだ？」と思った結果、その原因をメンバーに求めるのです。そこで、いってはいけない禁句を発してしまうわけです。

「俺ができていたこと、やってきたことが、どうしてできないんだ？」

メンバーをマネジメントするうえで、いちばんいってはいけないのがこんなセリフです。先ほどのメッシの例でいえば、「俺ができることが、なんでできない？」とメッシにいわれたら、少年たちどころか、プロのサッカー選手のほとんどだって「できっこないよ。だって、俺はメッシじゃないもん」といいたくなるでしょう。

〝俺はできたのに〟というのは、そういうことなのです。そこに理不尽な押しつけ、不条理な独りよがりがある、ということが見えてきませんか？

◆マネジメントは諸刃の剣

人材育成で最大のポイントは一つ。相手に合わせた指導をすることです。そのためにはいくつかのことが必要になります。

・自分が受けてきたマネジメントを捨てる
・シチュエーションを考える
・経験則を絶対視しない

誰にでも「あの人に鍛えられたから、今の自分があるのだ」という思いがあるのではないでしょうか。〝あの人〟から自分が受けたマネジメントが、リーダーの地位にいる今の自分を育ててくれた、つくってくれたのだ、と考えるわけです。

それはそれでいいのです。しかし、そのマネジメントには別の側面がなかったでしょうか。あまりいい話ではありませんが、ある人を鍛えたマネジメントが、別の人をスポイルしたかもしれない、というような側面が……。

ビジネスの現場では、リーダーについていけないという理由で、離職、転職をする人がザラにいます。それは、そのリーダーのマネジメントが、彼らをスポイルしたという見方もできるでしょう。

マネジメントは〝諸刃の剣〟なのです。だからこそ、慎重でなければいけません。慎重であることの前提は、白紙の状態で臨むこと。つまり、「まずは自分が受けてきたマネジメントから離れる」ことです。

次の「シチュエーションを考える」ですが、リーダーシップ理論のなかに「シチュエーショナル・リーダーシップ」というものがあります。アメリカの経営コンサルタント、ケン・ブランチャードらが提唱したもので、「置かれている状況が変われば、求められるリーダーシップも変わってくる」という考え方です。

この理論にしたがえば、リーダーシップ（リーダーがおこなうマネジメントの中身）は、状況（仕事に対するメンバーの状況）に対応したものでなければならないということですから、リーダーは今置かれている状況がどんなものかを、いつも考え、把握しておく必要があるということになります。

これについては、次項で詳しく説明しましょう。

「経験則を絶対視しない」については、その〝危険〟を知っておく必要があるでしょう。なぜなら、リーダーは経験則に頼りすぎることがあるからです。自分が受けたマネジメントがよいものだった、という経験が、それを絶対的なものであると錯覚させてしまう。しかし、たとえそれが成功したマネジメントであっても、一つのケースに過ぎないのです。

当然のことですが、今目の前にいるメンバーがそのケースにあてはまるとはかぎりません。経験を相対的に捉えることも、相手に合わせたマネジメントをおこなう上で、忘れてはいけないポイントです。

メンバーが成果を出さない、成長が見られない、というときは、リーダーに変化が求められているときなのだ、と受けとめてください。リーダーが変われば、そしてそのマネジメント手法を見直せば、メンバーは、必ず、変わります。

相手に合わせた指導法を探す

◆状況別、四つの指導方法

相手に合わせたマネジメントをするといっても、具体的なイメージが湧かないかもしれません。ここではそのイメージを確固たるものにしていただこうと思います。

「課題の難易度と本人の解決能力によって使い分ける」

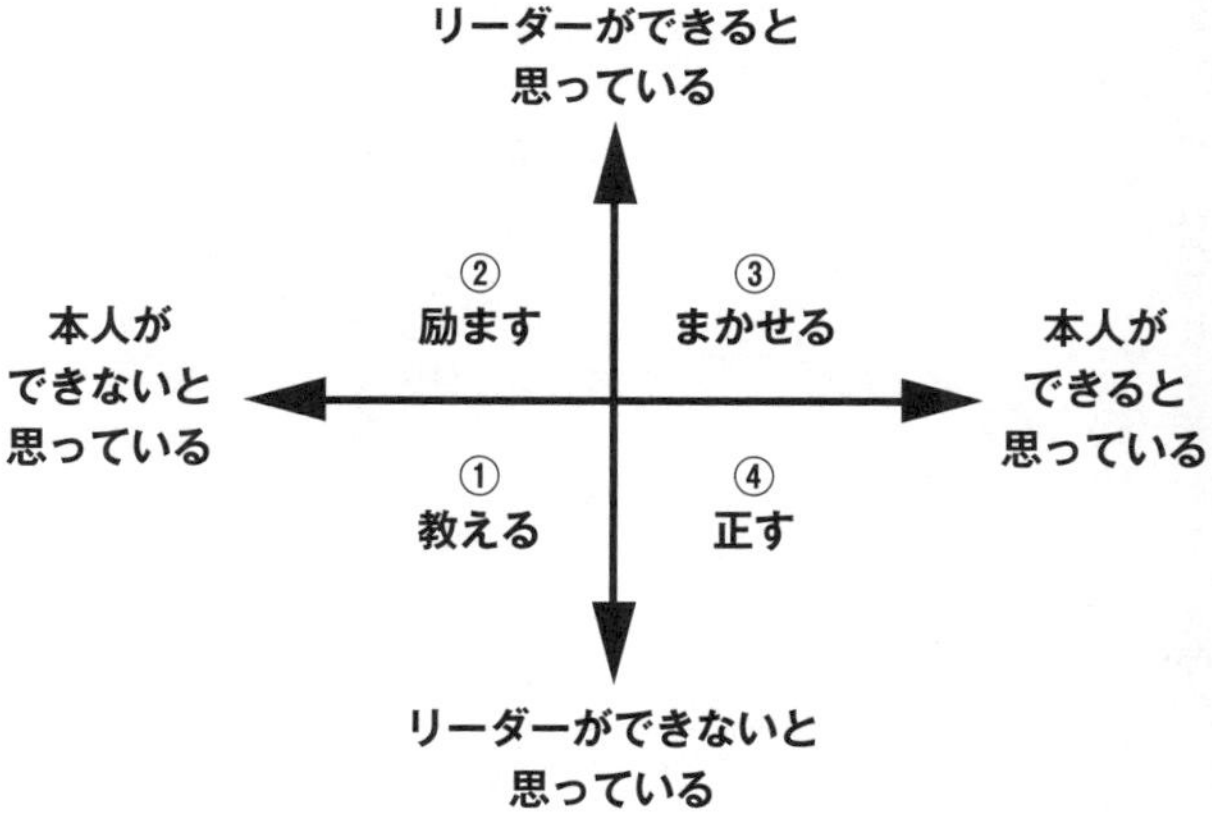

一つの仕事を考えたとき、そこには二つの思いがあります。一つは当事者であるメンバーの思い。もう一つはそのメンバーを指導するリーダーの思いです。その思いがどんなものかによって、それぞれふさわしいマネジメントがあります。これが、状況によってマネジメントは変わるということです。

状況は四つあります。

〈状況①〉本人はその仕事をできないと思っている／リーダーも彼（彼女）はできないと思っている。

〈状況②〉本人はできないと思っている／リーダーはできると思っている

〈状況③〉本人はできると思っている／リー

ダーもできると思っている
〈状況④〉本人はできると思っている／リーダーはできないと思っている
この四つの状況の違いによって、マネジメントも変わってきます。順次説明していくことにしましょう。
状況①は、メンバーが新入社員などのケースです。仕事のイロハから学ぶ段階ですから、本人はどうその仕事に取り組んだらいいかわかりませんし、リーダーもうまくやりおおせるとは思っていません。この場合のマネジメントのキーワードは「教える」です。具体的手順を一から丁寧に教えていく。そして、四の五のいわせず、その通りに実行させることです。
「自分がこうやりたいとか、なんでこれをやるのかとか、そういうことは抜き。とにかく、いわれたとおりにやってみなさい」というイメージです。
ベンチャー企業などでは、あえて自主性を育むためにこのケースでもいっさいをメンバーにまかせることもありますし、それには一定の効果があると思いますが、人材育成の投資対効果、効率の面だけを捉えると、基本はやはり「教える」です。
状況②は、仕事にも慣れ、手際もよくなって、自信も出てきた段階。上司はそろそろ一人でやらせることを考えますが、メンバーとしてはそれまでリーダーのサポートを受けてきたので、一人でやることにはまだ躊躇《ためら》いがあります。このケースでは「励ます」マネジメントが必要です。

仕事への取り組み方、考えている手順をメンバーに尋ね、答えを引き出したうえで、「それでいいと思う。がんばってやってみろ」という具合です。コミュニケーションをとるうえで心がけたいのが、〝背中を押す〟ということです。

状況③は、かなりキャリアを積んだ段階です。本人、リーダーともに「できる」で一致しているわけですから、ここは「まかせる」のがマネジメントの基本です。途中であれこれ口を出せば、本人は鬱陶しいと感じるだけでしょう。

ただし、プロセスには介入しなくても、結果はしっかり問う必要があります。「こういう成果を出してくれ」ということはあらかじめ伝えておかなければいけません。

最後の状況④は、本人は自信を持っているのに、リーダーから見ると「まだ、まだ」と思えるケースです。この場合のマネジメントは「正す」が主体となります。

「今のやり方ではうまくいかない。ここは少し修正したほうがいいぞ」

「重点のかけ方が違いはしないか？　ここにもっと重きを置くべきだろ」というふうに本人にとっての課題を指摘する。自信を持っているメンバーは突っ走りがちになりますから、適宜、正すアプローチをしていくことが大切です。

まず、この四つの状況別対応、マネジメントのバリエーションがあることを、頭に入れてください。そして、状況を正しく捉えて、「ここは〝教える（励ます、まかせる、正す）〟だな」と判断し、即、行動をとっていく。そうすることで、人材育成はきわめて実効性のあるものになります。

私たちがおこなっている研修では、この四つの状況についての話もしますが、現場のリーダーたちからあがるのは次のような声です。

「頭では『仕事をまかせてもいい』と考えているメンバーに対しても、実際にはけっこう介入していることに気づきました」

「フィードバックしなければならないケースで、まかせっきりにしてしまっていることが多い。〝正す〟のは面倒くさいということが先にたっているからでしょうね」

「わかっている」ことと「できる」ことは、別——現場は混乱しています。

もっとも、人材育成ということについてその基本構造をきちんと捉え、それを基にしてマネジメントを考えるということがこれまでほとんどされてこなかったという現実を思えば、それも無理のないことかもしれません。ここにも、組織や人事を〝後まわし〟にしてきたことのツケが現出しているといえるでしょう。

◆もっとも難しいのは「正す」こと

さて、もう気づかれているかと思いますが、四つのマネジメントのうち、いちばんやっかいなのは「正す」ことです。間違いを正す、課題を指摘するのは、かなりのパワーが要求される作業です。

人間には誰にも「自己を正当化したい」というなかば本能に近いような感情がありますから、「正す」際のいい方を間違えると、コミュニケーションの土台が壊れてしまうということにもなりかねません。

「あんないい方をするなんて、もう、あの人のいうことはいっさい聞かない」

メンバーがリーダーに対してそんな頑なな姿勢を固めてしまったら、コミュニケーションは成立しなくなってしまいます。

ですから、「正す」マネジメントでは、とりわけスキルが必要になります。そのポイントをひとことでいえば、「表層ではなく、深層にアプローチする」ということになります。

たとえば、アクションAをとっているメンバーに対して、アクションBをとるように促す場合、「アクションBをとるようにしろ」と命令するのは表層へのアプローチです。これではなかなか変わりません。

そうではなくて、そのメンバーがアクションAをとっている裏には、それをとらせるスタンス'Aがあるわけですから、そのスタンスについて働きかけるのです。「スタンス'AをスタンスʼBに変えたらどうか」とやるわけです。これが深層へのアプローチです。スタンスが変われればアクションも変わります。わかりやすい例で説明しましょう。

たとえば、あなたは銀行でリーダー職に就いています。ある日、新入社員が茶髪で出社してきました。そこで、「おい、なんだその髪? 黒くしてこい!」というのは表層へのアプローチです。その結果、彼は髪を染め変え、当面は黒い髪にしていると思いますが、しばらくすると、また、茶色に染めたり、あるいは、髪は黒くてもピアスをしてきたり、ということが起こるでしょう。なぜなら、スタンスが変わっていないからです。

「アクションではなくスタンスを正す」

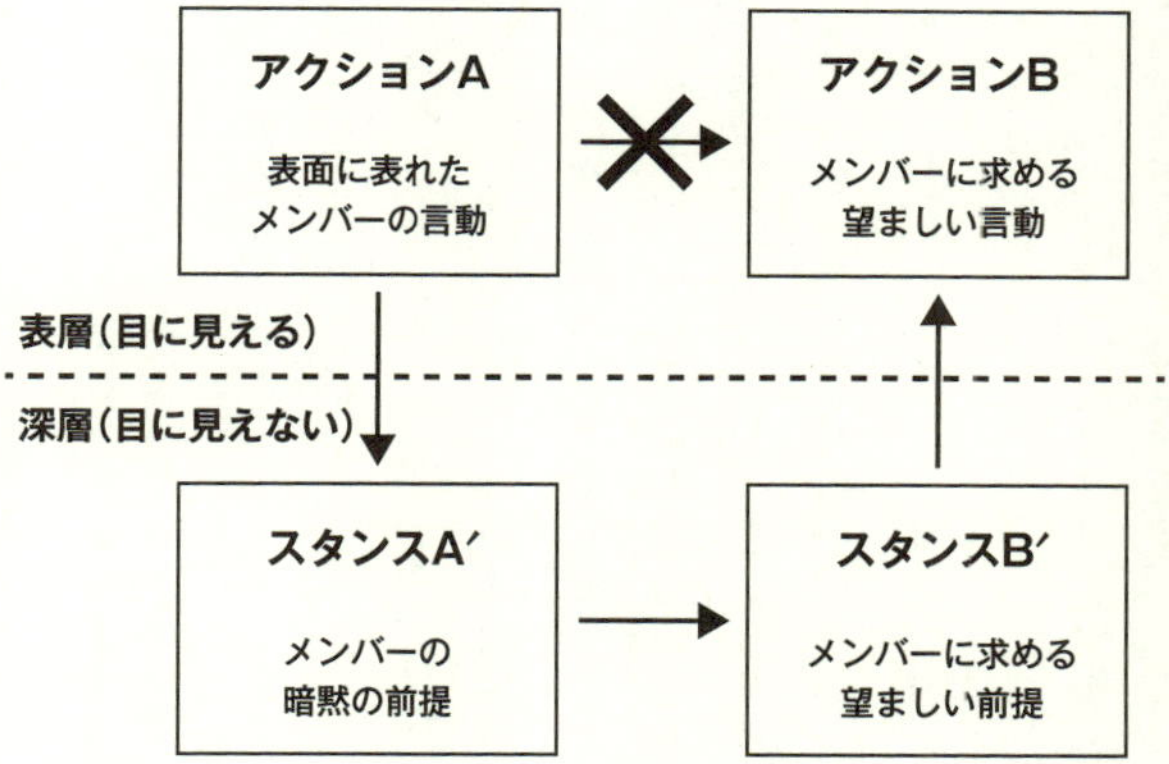

そこで、スタンスを考えてみます。なぜ、彼は茶髪にしてくるのか――。おそらく、「茶髪のほうがかっこいい」「真面目に仕事をしているんだから、髪型くらい自由にしたい」などといった思いがあるからでしょう。それが彼のスタンスです。

もちろん、そのスタンスがいい、悪いということではありません。それが許容される領域でなら、髪を茶髪にしようと、金髪にしようと、いっこうにかまわないのです。企業でも、インターネット関連の会社などは、トップが茶髪や金髪で、かつTシャツでいるところも珍しくはありませんし、周囲がそれをことさら不快に感じたりすることもありません。

しかし、銀行という職場環境では、顧客の存在を考えないわけにはいきません。銀行に来るお客様は、茶髪を見てどう感じるでしょうか。

まったく気にならないという向きがないではないにしても、大方の顧客は「……!!」という反応になるのではないかと思います。

仕事として報酬を得ている以上、顧客の立場になって考え、顧客の思いを忖度《そんたく》するのは、当然のことです。「お金を預ける相手が茶髪なのは、どうも抵抗がある」「丁重に扱われている感じがしない」という顧客がいるとすれば、彼のスタンスは通用しないのです。

表層に働きかけるのではなく、そこのところを話して聞かせましょう。

「茶髪にしたい気持ちはわかるけどな、銀行員として仕事をするうえでは、茶髪がかっこいい、髪型は自由でいい、というスタンスではダメなんだ。プロは、顧客がどう感じるかでスタンスを決めなければいけない。ビジネスの世界はそういうものだよ」

これが、深層へのアプローチです。これなら、スタンスは変わりやすいですし、スタンスが変われば、自然とアクションも変わります。スタンスに働きかけて納得した部下は、二度と茶髪にしてくることもなければ、「茶髪がだめならピアスにしよう」と耳に穴を空けてくることもないはずです。

これは極端な例ですが、あらゆる行動の深層にはスタンスがある、ということはつねに頭に入れておく必要があります。スタンスを見つけられれば、そこに働きかけられます。すると、行動を「正す」ことの難易度は格段に下がるのです。

◆事例――一〇〇点を一〇一点にしてみないか？

あるファッション関係の会社で研修をしたときのことです。新人のデザイナーとリーダーとがうまくいかないことが、その会社の悩みでした。

新人デザイナーは美大出身で、ずっと「個性を大切にしなさい」「個性を前面に出しなさい」という教育を受けてきた人でした。その教えが、スタンスにも色濃く反映されていたのです。

デザインする作品は、当然、個性的なものになります。しかし、リーダーには「それでは売れない」というビジネス感覚がある。そこで、デザインに注文をつけたわけです。でも、デザイナーは首を縦に振りません。そこで、「もっと、人の話を聞けよ」と迫ったわけです。

デザインを変えろというのは、行動への働きかけ、表層的なアプローチです。これでは抵抗に遭うのは必然です。そこへ来て「私のいうことを聞け」とやってしまったものですから、デザイナーの態度は柔らかくなるどころか、頑なになって当然でしょう。

新人デザイナーには、「個性こそ絶対」と思うに至るスタンスがあるのです。そこに働きかけることで、この状況を打ち破ることができます。

それを意識して、もう一度話し合ってもらいました。

「個性を大切にするのはいい。そこから生まれたデザインは一〇〇点かもしれない。しかし、他人の意見を少し取り入れることで、一点プラスされて一〇一点になる可能性もあるんじゃないか？　だったら、一〇一点を探るほうがよくはないかな」

なかなかうまいことをいったその効果は、絶大でした。

デザイナーの「個性こそ絶対」というスタンスが、「個性＋αを探ることが大事」というスタンスに変わったのです。その後のデザインが他人の意見も取り入れたものになったことは、いうまでもないでしょう。

「正す」というシチュエーションではもちろんですが、人に何かを伝えるというときに、一つ押さえておくべきことがある、と私は思っています。それは、「伝える＝伝わる」ではなく、「伝える≠伝わる」ということです。こちらからたくさんのことを伝えたとしても、一カ月経っても、三カ月経っても、もっといえば、一生、相手に覚えられている、心に残っている、というようなことは大変少ない、ということです。「伝える＝伝わる」であれば、沢山のことを浴びせるように話せば良いのですが、「伝える≠伝わる」という前提を置いた際には、たくさんのことを伝えるのではなく、相手の印象に残る言葉を「選ぶ」ということが大切です。

印象に残る言葉、心に響く言葉、魅力的な言葉……。そうした言葉が入った表現を心がける。それが、伝えることと伝わることの間にあるギャップを埋めることになります。「とにかく、伝えればいいや」ではなく、「どう表現したら（話したら）伝わるか」をいつも考えるリーダーであってください。

◆ビジネススタンスの基本は「STAR」

私たちは、ビジネスパーソン、とくに社会に出て間もないビジネスパーソンが持つべきスタンスを四つにまとめています。「STAR」、すなわち「Say（セイ）」「Target（ターゲット）」「Action（アクション）」「Role play（ロールプレイ）」

がそれです。

「Ｓａｙ（セイ）」は、いわゆる「報連相」、報告、連絡、相談をする、というスタンスです。学生時代は報連相などということに意識を向けることはありません。それらを怠ったとしても、仲間内の関係が壊れることもないし、「あ・うん」の呼吸で、いわなくても通じるというコミュニケーションも得意とするところでしょう。

しかし、ビジネスの世界では、いいたいこと、いうべきことは、きちんといって相手に正確に伝わらなければ意味がありません。報連相を徹底するというスタンスが求められるのです。これができない人がたくさんいます。

報連相を怠ってしまう学生気分のスタンスは、「こんなことを報告したらリーダーに怒られるのではないか」「この程度のことは連絡しなくたって大丈夫だろう」「こんな相談をしたら、仕事ができないやつと思われやしないだろうか」といったものでしょう。

それが報連相というアクションをとれなくしてしまうのです。しかし、相談せずに自分で抱え、ギリギリまで引っぱったりすると、状況はますます悪化します。リーダーはビジネスパーソンとしてのスタンスに切り替えさせる必要があります。

「仕事は一人でやっているんじゃない。人をどんどん巻き込んで、必ず、成果までたどり着くということが大事なんだ。すれば怒られる報告も、しなくていい連絡も、とるに足らないと思われる相談も、ないんだぞ」

「報連相を怠っちゃダメじゃないか」というのではなく、こんないい方をすれば、スタンスが切り替わり、その後は「（報連相を怠るなという）同じことを何回もいう」必要はたくなります。

「Ｔａｒｇｅｔ（ターゲット）」は、つねに仕事の目的と、それを達成するためにすべきことの優先順位を考えるということです。しかし、これもいかにも心もとない。指示待ち症候群という言葉が、一時、さかんに語られましたが、まさにそれです。いわれたこと、指示されたことしかやらない、という傾向が若者世代には強いのです。彼らの常套句は、

「僕、それいわれていませんから……」

自分で考えることが苦手な背景も、育ってきた環境にあるのかもしれません。どんな問題にも決まった正解があるというのが、教育の基本システムですし、インターネットで検索すれば、すぐにも答えに行き着く。自分で考えることをしなくてすむというのが、若者世代を取り巻く環境の特徴ともいえます。

考えなくても、誰か（リーダー）が答えを示してくれる。若者世代がそんなスタンスを

持っているのも、頷けないことではありません。しかし、ビジネスパーソンとしてはそれでは困ります。

「仕事は目的をどうやって達成するかだ。しかし、達成するまでの道筋は一つじゃない。目的をしっかり見据え、自分ならどういうやり方でそこにたどり着くか、考えてみることが大切なんじゃないか」

スタンス切り替えワードとしては、そんなことになるかもしれません。

「Ａｃｔｉｏｎ（アクション）」はあれこれ思い悩んでいるのではなく、とにかく行動することが大事だということですが、これも若者世代には欠けているスタンスでしょう。そのもっとも大きな理由が「失敗を恐れる」ということです。

たとえば、営業の部門などで、リストを渡され電話でアポイントをとる仕事を与えられると、まず、考えてしまう。「どんなふうにいったら、アポイントが取れるだろうか?」。それこそ、ああでもない、こうでもない、と延々それを考えるわけです。一応、自分なりに考えをまとめて、おずおずと受話器を取った結果は、みなさんが想像される通りです。うまくいきっこない。それがさらに恐れを増幅させることになります。

しかし、仕事には失敗して学ぶことがたくさんあります。むしろ、成功体験より失敗体験のほうが、学びのタネは多いのです。それを伝えることはスタンスが変わるきっかけになります。

でもそこで、「グズグズしていないで、とっとと電話をしろよ」とやってしまうと、「失敗＝恐れ」という意識がますます膨れあがるだけ。「電話のかけかたって、かけながら覚えるものなんだ。最初からうまいやつなんていない。失敗してなんぼだ、くらいに考えろよ」といったら、スタンス・チェンジに弾みがつきます。

最後の「Ｒｏｌｅ ｐｌａｙ（ロールプレイ）」は、顧客やリーダー、同僚の立場に立って考えるということですが、先ほど紹介した銀行勤めの茶髪くんの例がそれにあたります。

メンバーを「正す」ということでいえば、リーダーには少なからず、「こんなことをいったら、反感を買うのではないか」「関係にミゾができて、その後の仕事がやりにくくならないか」「メンバーを萎縮させやしないか」……といった懸念があるものです。

事実、そういう事態に陥った組織もあるでしょう。しかし、その原因ははっきりしています。行動のみを正すことに腐心して、深いところにあるスタンスを見落としていたからです。

しかし、みなさんはすでに、深層、つまり、スタンスにアプローチするというスキルを手に入れています。さあ、自信を持ってメンバーを「正して」ください。組織の戦力となる人材を育てていってください。

第6章

ものさし不在という病

すべての組織施策が失敗に終わるわけ

◆つねに後まわしにされる組織人事施策

組織がうまくいっていない。その感覚は、どこのトップも、あるいはリーダーと呼ばれる人たちも持っています。組織をよくするための施策に取り組んでいるところもたくさんありますが、せっかく滑り出した施策も途中で頓挫してしまいます。

なぜなら、企業が力を入れるのは、どうしても事業、つまりは「直接、売上につながる活動」になるからです。

組織や人事に関する施策はそれらの活動に押しやられて、後まわしになっていきます。

「そういえば、組織を考える会議みたいなのをやっていたけど、結局、立ち消えになったね」

「社員の親睦を深めるために、ランチミーティングを定期的にやるって大々的にスタートしてたけど、あれってどうなったの？　最近ちっとも実施されていないみたいだけれど……」

ほとんどの企業がそういう結果に終わります。

組織を活性化させる、組織の機能を高めるための研修も広くおこなわれています。日本の研修市場は五〇〇〇億円規模です。しかし、研修に対する〝信頼度〟はきわめて低いというのが実情です。研修を取り入れている多くの企業が効果を期待していないのです。さらにいえば、自社が提供する研修の内容に自信を持っていないベンダー（提供者）も、見受けられるような気がします。結果として、価格競争に陥ることが多々あります。

また、研修内容に自信があれば、まず、ベンダーが社内でそれをおこなうはず。ところが、そうしているところは、私が知るかぎり、少ないような気がします。「やった方がいいことなのは間違いないけれど、営業活動の時間を減らしてまでやる必要は……」とすら思っているベンダーもいます。

提供する側もそれを受ける側も、「研修にそこまで意味があるのかなぁ」と深層心理では思っているのではないか、というのが私の見解です。一応、組織に目を向けているし、研修もやっている、という体裁を整えているだけ。いってしまえば、いい訳に使われている研修も多いように感じます。

しかし、序章でお話ししたように、これからの企業発展は労働市場で勝ち抜いていけるかどうかにかかっています。

そこでの競争力をつけることが喫緊の課題であるのに、そのことに気づいていない、あるいは、気づいていても手をつけていない企業が、あまりに多いといっていいでしょう。

高校三年生が勉強する理由

◆効果的な活動には「ものさし」が存在する

企業が組織人事の施策に本腰を入れて取り組まない大きな理由として挙げられるのは、組織人事について、効果を測る「ものさし」がないということです。うまくいく活動にはすべて、ものさしが存在しています。

ここで一つ質問です。みなさんが、これまでで一番必死に勉強したのはいつだったでしょうか？　さあ、思い出してみてください。

多くの人が、それは高校三年生のときだったのではないかと思います。こんなことをいうと先生方には叱られそうですが、高校三年生が猛烈に勉強するのは、そこにすばらしい授業があって、やる気を掻き立てられるからではありません。

高校三年生を勉強に打ち込ませるのは、そう、受験です。受験があるから、高校三年生は全生涯を通じてもっとも勉強に熱心なのです。受験はものさしの役割を果たし、勉強の効果がそれによって測られます。

同じように、成功するダイエットにもものさしが存在します。痩せたいのなら、文字どおり、その効果を測る体重計が不可欠です。体重計なしでは、なかなかダイエットには取り組めません。自分が努力した結果がわからないということになったら、努力を継続することなど不可能です。

◆事業にはＰ／Ｌ、財務にはＢ／Ｓ、組織には？

企業経営ということでいえば、事業にはＰ／Ｌ（Profit and Loss Statement＝損益計算書）というものさしがあります。これが事業に対する取り組みを熱っぽくさせるのです。Ｐ／Ｌという目に見えるものさしを皆で共有することによって、「売上を伸ばそう」「大きな利益を出そう」ということになるのです。

財務の面ではＢ／Ｓ（Balance Sheet＝貸借対照表）があります。また、お金の流れを示すキャッシュフローもあります。これらは財務のものさしです。財務状況をそれらで測りながら、財務の健全化、財務状況の好転に、これまた熱心に取り組むわけです。

しかし、組織や人事にはものさしがありません。研修を実施したとしても、それがどれほどの効果があったのか、確かめようがないように見えます。あの研修とこの研修、どちらが効果があったのか、数値化して確かめることができません。

「効果が見えないことには積極的に取り組めない」という企業側の論理も、わからなくはありません。でも、それではいつまでたっても組織人事を改革することはできません。効果の見えないことに取り組みたくないのなら、ものさしを用意すればいいのです。

組織人事についてあえて既存のものさしを探せば、従業員数、退職率くらいでしょうか。

従業員数が堅調に増加していれば、あるいは退職率が低ければ、組織としてはまずまずうまくいっていると判断する、等。そのことにまったく意味がないとまではいいませんが、ものさしとしての〝精度〟としては、相当にあやしいといわざるを得ません。

「事業活動にはものさしがあるが、組織活動にはものさしがない」

事業活動

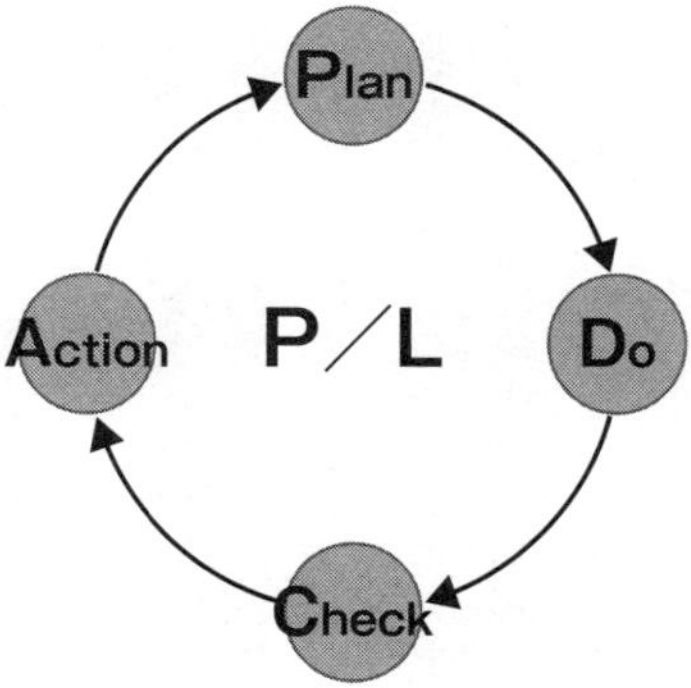

組織活動

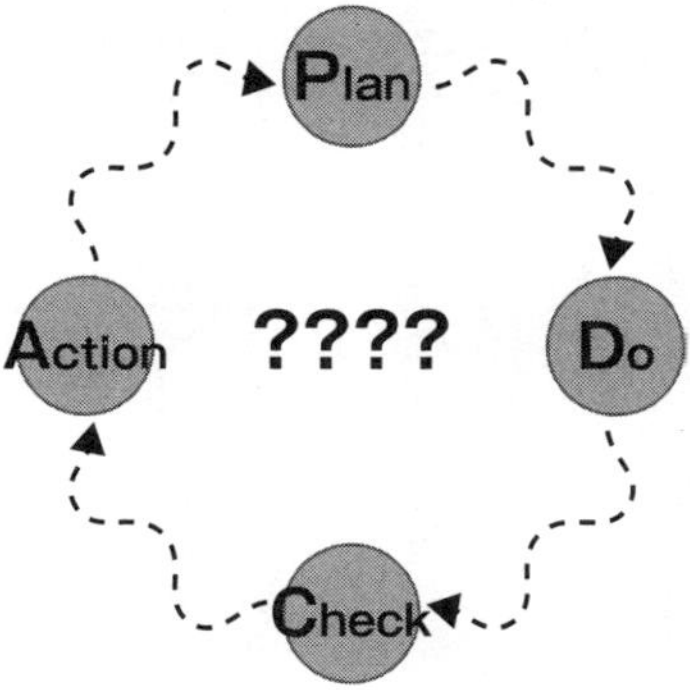

今すぐ、その研修をやめなさい

◆現状把握ではなく、目標設定を

企業のなかには「従業員満足度調査」を実施しているところがあります。メンバーが仕事に関してどう感じているか、職場環境（組織）についてはどう思っているか、リーダーとの関係をどう捉えているか……といったことをアンケートの形で調査するというものですが、その結果を十分に活用しているかとなると、すこぶるアヤシイ、というのが多くの組織の実情だと思います。少なくとも、P／Lと同じレベルで従業員満足度等の調査結果を生かせている企業はほとんどないといっていいでしょう。

もちろん、感覚的、あるいは、感情的な要素が入り込む調査ですから、難しい面はあります。たとえば部下からすれば、リーダーとの関係について「こんなに低い点をつけてしまうと、のちのち関係がギクシャクしやしないか……」といった思いが働く。調査のうえでも上司の顔色を見るといったことが起こる可能性は、否定できません。

しかし、匿名性を担保するとか、社外の第三者の手に委ねるとか、何かしらの工夫はできるのではないでしょうか。ちなみにリンクアンドモチベーションでは、我々の専門分野であるこの調査について、結果を第三者が管理しており、誰がどう答えたかということについては、会社側はわからないような仕組みをつくっています。

満足度調査をおこなううえでのポイントは、一にも二にもその後の対応でしょう。大切なのは、調査結果がマイナスに働くという印象を与えないことです。低くつけたことが自分の不利益になると感じたら、当然、〝手加減〟をすることになります。それでは調査そのものの意味がなくなってしまいます。

私たちがコンサルタントする側の際、「その後」の対応として「必ずして欲しい」と調査を実施した企業のトップやリーダーにお願いしているのは、次のようなことです。

・調査に答えてくれたことへの感謝の言葉。たとえば、

「今回のアンケートに協力してくれてありがとう。みなさんのおかげで、組織のことがよくわかりました」

・使い方への言及。たとえば、

「改善点がいろいろと見えてきました。調査をもとに、これからこんなふうにしていこうと思いますので、みなさん、一緒にやっていきましょう」

調査結果を単に現状の把握に使うのではなく、将来に向けての「目標設定」に使うという姿勢を示すことが重要です。それによって、「組織をよりよくするための意味ある調査」だということが、メンバーにも伝わるからです。正直に答えても今後に何も活かされないような調査では、誰だってやる気が起きないでしょう。

◆満足度調査の指針となる四つのP

私たちは、個人が組織に所属する際に何を見るか、という観点を四つに分けて考えています。つまり、その組織に所属しようと決めるポイントとして、どのような要素があるかということです。身近な例で説明しましょう。たとえば、大学に入学して、どのサークルを選ぶかを決めるとき、何をもとに決断を下すでしょうか。

まずは、活動そのものの好き嫌いがあります。テニスが好きだから、テニスサークルを選ぶ。サッカーが好きだから、サッカーサークルを選ぶ、というのがそれです。私たちはこの観点を「Ｐｒｏｆｅｓｓｉｏｎ（プロフェッション）」と呼んでいます。

企業でいえば、その仕事内容が好きか嫌いか、ということになります。

次に、同じテニスサークルでもそれぞれめざすものが違います。日本一をめざすというところもあれば、わいわい楽しくやろうじゃないか、というサークルもある。目標の違いです。サークルが掲げる目標が自分に合っているか、目標に共感できるか、ということも観点の一つです。これは「Ｐｈｉｌｏｓｏｐｈｙ（フィロソフィー）」です。企業では理念、ビジョンがそれにあたります。

三つめは「Ｐｅｏｐｌｅ（ピープル）」です。サークルの先輩が気が合いそう、面倒見がよさそう、といったことです。つまり、その組織に属している人が醸し出す雰囲気、いわば風土が自分にとって好ましいかどうか。これも観点になります。

最後は、そのサークルに入ると就職に有利になるか、などといった観点です。「Ｐｒｉｖｉｌｅｇｅ（プリビレッジ）」と呼びます。待遇のことです。企業でいえば、給与とか勤務地、厚生施策、厚生施設の整備状況などがそれにあたります。

この「四つのＰ」を従業員満足度調査に使うのです。たとえば、次のような質問項目を設定します。

「あなたは今の仕事にやりがいを感じていますか？」（Ｐｒｏｆｅｓｓｉｏｎ）

「あなたは会社の（あるいは部署の）ビジョンに共感していますか？」（Ｐｈｉｌｏｓｏｐｈｙ）

「あなたは会社の今の風土が好きですか?」(People)
「あなたは今の待遇に満足していますか?」(Privilege)

これらの質問に五段階で答えてもらいます(実際のリンクアンドモチベーションの調査では、約一三〇問の設問項目があります)。

それだけでも、組織に対するメンバーの思いがかなりすくい取れると思います。シンプルな質問ですが、定期的に調査を継続していけば、その変化から組織としてやるべきことも見えてくるはずです。

たとえば、「Philosophy(フィロソフィー)」のスコアが低くなっている組織は、よくよく調べてみると拡大するなかでトップのビジョンが現場に伝わりにくくなっていることがわかったり、「People(ピープル)」のスコアが低くなっている組織は、メンバーに話を聞いてみるとセクショナリズムが横行していて業務がスムーズに進んでいなかったりする、といった具合です。

もちろん、企業によって組織の形態も規模も違いますから、それぞれの組織にとってふさわしいものさしをつくり上げていくことが必要です。しかし、なにごともトライ&エラーで進化するものですから、手始めに「四つのP」を使った調査をやってみるとよいでしよう。それは、精度の高いものさしを手に入れるための、確かな一歩になるはずです。

◆事例――二〇〇〇社、四五万人分のデータからわかること

従業員満足度調査などの組織サーベイも、研修も、あるいはその他の取り組みも、組織としてのパワーを高めるためのものであることは、いうまでもありません。そして、組織のパワーを決めるのは、メンバーのモチベーションです。

私たちはモチベーションの調査（モチベーションサーベイ）を実施し、それをコンサルティングの核に据えています。現在、約二〇〇〇社、人数にして四五万人くらいのデータが蓄積されていますが、それが証明しているのは、モチベーションが上がれば、生産性が高まり、利益の伸びも大きくなるということです。

リーマンショック（二〇〇八年）の影響を受けて、社員数が半分くらいに激減した求人広告の代理店がありました。モチベーションサーベイではA、Bプラス、B、Bマイナス、Cプラス、C、Cマイナス……という具合に、一一段階に分けてモチベーションを評価しているのですが、当初の同社の評価はCでした。

そこから、さまざまなものさしをもとにして、モチベーションを上げるための取り組みを始め、五年後にはトップ評価のAになりました。業績をいえば、リーマンショック前とまったく同じ売上をたたき出しました。社員数は半分ですから、生産性が二倍になったということになります。一人ひとりのモチベーションが高い筋肉質な組織になったともいえます。モチベーションの力を数字で見ることのできる事例です。

人材採用でアドバンテージを持ちたいというインターネットのメディア会社からは、会社説明会を改善し、より魅力的な説明会にしたいとの相談を受けました。

そこで、会社説明会のアンケートに五段階の満足度指標を入れました。これについても弊社にデータの蓄積があり、一番上の五をつける人が八〇%以上の会社は日本の企業のなかで何割、五の評価をつける人が七〇〜八〇%の会社は何割という分析結果を持っています。それを示しながら、「目標を高く持ってがんばりましょう」と意識を高めて、説明会に臨んだのです。最初の説明会ではそれほどよい結果が出ませんでした。しかし、そこから変化が起きました。

説明会のどこに問題があったのか、どこを改善していけばよいのか、ということをみん

「モチベーション評価と売上・利益伸長率の関係」

	伸長率（%）	E〜D-	D〜D+	C-〜C+	B-〜B	B+〜A
		〜39	39〜45	45〜55	55〜61	61〜
平均値	売上	102.1%	103.9%	103.2%	103.8%	113.4%
	利益	-435.6%	-12.6%	70.5%	193.4%	228.6%

※伸長率：「サーベイ実施年」と「次の年」の売上・利益の伸び率を算出

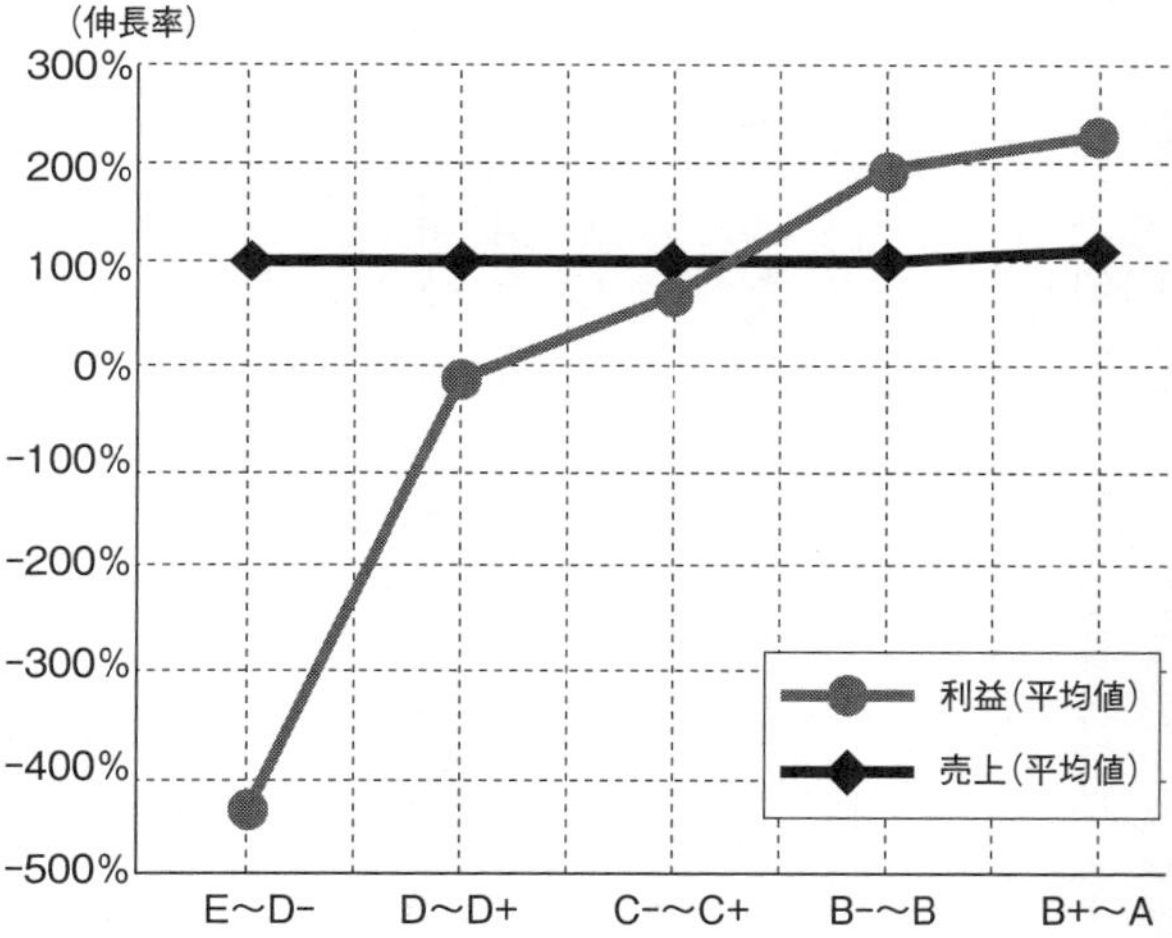

▶調査対象
2010〜12 年にリンクアンドモチベーションのモチベーションサーベイを実施した企業の内、東京商工リサーチ社に売上・利益データが存在した企業
▶調査企業数
158 社

ながら話し合い、工夫を加えていったのです。それまでなら同じような説明会を繰り返すことになっていたと思いますが、満足度指標というものさしを導入したことで、めざすところと現実のギャップが明確になり、意識が変わったのです。見える化したことで、説明会に対する全員のモチベーションが上がったといってもいいでしょう。

事実、社員のなかには日曜日に説明会に駆り出されることに、少々抵抗感を持っていた人もいたようですが、その姿勢がガラリと一変しました。説明会を積極的に捉え、その質を高めることに全員一丸となって取り組み始めたのです。

回を追うごとに結果は向上していきました。「八〇%には何が足りない?」。その要因を洗い出し、一つひとつクリアしていって、最終的にできあがった説明会は、「すばらしい」の一語に尽きる、といっていいほどの出来栄えになりました。

その後、同社の採用実績は盤石のものとなり、求める人材、優秀な人材が次々に入ってくるようになったのです。

同じくインターネット関連の企業で、組織の「和」が保てないことにトップが悩んでいるところもありました。

会社が順調に伸び、規模も拡大するなかで、和の問題が起きてきました。「和を大事にする」という会社の理念に、中途採用で入社してきたメンバーが反発したのです。「和がどうとかいったって、そんなものはメシのタネにならない。社長はぜんぜんわかっていない」。そんな空気が蔓延したのでした。

ここでトップは、「理念を守るか、メンバーをとるか」の選択を迫られます。この厳しい局面でトップの意向を質すと、「理念は絶対に外せない」といいました。「メンバーと袂を分かつことになったとしても、そこは譲れない一線だ」ということでした。

そこで、その決定をメンバーを集めた研修で宣言してもらいました。

「仕事だけやっていればいい、数字をあげればいい、とだけ考えている人とは一緒にやっていくことはできない。理念を大事にしてくれる人とやっていきたい。だから、どちらかを選んで欲しい。もし、一緒にやっていくという選択をしたのなら、半年後にそれを証明して欲しい……」

宣言の内容はおおよそそういうものでした。〝証明〟の意味は、同社で実施していたアンケートのなかの「理念」に関する指標のスコアを上げるということ。それまでの反発派のスコアは、とても低いものだったからです。

研修後、そこまで理念にこだわるなら「もうけっこう」と、辞めていくメンバーも実際にいました。トップとしては、緊張する思いもあるでしょう。

しかし、そうすることで和を大事にするメンバーだけが残りました。トップが確立した理念をもとに、組織がガッチリ束ねられたのです。一枚岩となった組織は存分に持てる力を発揮、以後、同社の業績は右肩上がりとなっています。

組織を何で束ねるかは、それぞれでいいのです。たとえば、ディズニーは「夢の国をつくる」という理念（フィロソフィー）で束ねていますし、外資系コンサルタント会社のマッキンゼーなどは、仕事（プロフェッション）で束ねています。若いうちから大企業のトップと渡り合って、新しい仕事、難易度の高い仕事、大きな仕事ができる、ということに共感する人材が集まっているわけです。一方、風土（ピープル）で束ねているのが起業家輩出企業としても有名なリクルートでしょう。業種はなんであっても、この仲間と、このノリでやりたい、という雰囲気が社内にあふれています。

いずれにしても、トップやリーダーが大切にすべきだと考えているものが実際に現場で大切にされているかについて、はっきりと数値で測る「ものさし」の存在は、マネジメントの大きなサポートツールになります。

第7章

決断が先送りにされる病

すべての決断は先送りされる

◆「決断には正解がある」と思うから怖くなる

決断をともなわない戦略はありません。ですからリーダーには、組織のなかで何度となく決断を求められる局面が訪れます。微細なことから重大なことまで、それこそ数えきれないほどに。

顧客へのアプローチ一つとっても、優先順位をどうするか、顧客Aと顧客Bならどちらに重点を置くか、といった決断を求められますし、商品サービスにしてもA、B、Cのいずれに注力するか等、無限の決断が必要です。

その決断のとき、リーダーが頭のなかで思い描くのはどんなことでしょうか。おそらく、「どんな決断をするのが正解なのか?」ということだと思います。リーダーばかりではありません、その仕事にかかわっているメンバーも同じことを考えています。

「リーダーはどんな正解を示してくれるのか?」

ここに、組織の大きな問題があります。

正解探しは容易なことではありません。ビジネスはさまざまな要素を孕《はら》んでつねに動いていますから、その要素がちょっと変わっただけでも、影響を受けるのが当たり前です。最後のワン・ピースがなければジグソーパズルが完成しないように、最終的な一詰めをしくじったためにすべてがご破算になるということもあります。

そのなかで正解を探すのですから、悩みもするし、戸惑いもあって当然です。そこで、好ましくない事態が起こります。

リーダーによる決断の先送りです。つねに不確定要素があって、いくら考えてもはっきりとは道筋が見えないなかでメンバーを「正解」に導こうとするものですから、「よし、これでいこう！」と決めるその瞬間から、逡巡が起こります。

「待てよ。こっちのほうがよくはないか？　いややはりあちらのほうが……？」

この〝決断（！）→逡巡（？）〟はいつまでも連鎖するのです。それがさらなる問題を生じさせます。

◆部下のモチベーションがもっとも下がる瞬間

ここで、リーダーのいちばんの役割は何だか考えてみてください。メンバーがリーダーに求めるもっともプライオリティが高い役割は何か――決断です。

「今期はこれをやる」「これからはこの方向で行く」というふうにリーダーが決断しなければ、メンバーは動きようがありません。決断が先延ばしにされれば、ストレスもたまりますし、やる気も萎《しぼ》みます。モチベーションは下がる一方となります。

決断の先送りは組織の空気をも変えます。役割を果たしていないリーダーに対して、メンバーは評論家的発言をするようになるのです。

「いつまでたっても腹が決まらないというか、煮え切らないというか……。結局、出遅れてしまって、その尻ぬぐいをさせられるのはこっち。たまったもんじゃないよ。リーダーとしてどうなのかな？」

ここまで悪《あ》し様《ざま》にいうかどうかはともかく、リーダーに批判的な視線を向けるようになることは確かです。待たされた挙げ句の決断が、思ったような成果につながらなかったときには、またそれが批判の対象になります。

「あの決断、どう思う？ ちょっとないと思わない？」「な、あれはないよな……」

まさしく、四面楚歌状態です。組織は瓦解に向けてまっしぐら、といったところです。

ここは、リーダーが決断についてじっくり考えるべきときです。

決断とはいったい何なのか？　その本質は？　決断とどう向き合ったらいいのか……？

決断はリーダーのもっとも重要な仕事

◆リーダーを取り巻くジレンマ

リーダーはつねに葛藤のなかにいます。決断について考えるとき、前提となるのがこの、リーダーが置かれている状況です。リーダーが抱える葛藤について、リンクアンドモチベーションでは次の四つの軸を想定しています。

・組織↑↓業績
・長期↑↓短期
・支配↑↓受容
・論理↑↓感覚

業績と組織がともに良好な状態にあるとき、すなわち、組織がうまく機能し、業績があがっているときはいいのですが、ときとして、両者がぶつかることがあります。たとえば、業績をあげることを優先させれば、組織に問題が生じるというようなケース。目標とする数値設定を高くすれば、業績はあがります。しかし、その分、メンバーの負担は増えますから、ストレスや疲労もたまり、組織としてのパワーは下がります。

ここでリーダーには、業績をとるか、組織をとるか、という葛藤が起こるわけです。

また、どんな仕事でも長期的な視点と短期の視点が必要です。将来を見据えて新規事業に力を入れるというのは長期視点、これに対して、その時点での収益を伸ばすために既存事業の営業に力を入れるというのが短期視点です。長期視点に立つか、それとも短期視点でことを進めるか、ここもリーダーとしては悩ましいところでしょう。

支配と受容という軸は、社内的にもありますし、対外的にも存在します。社内でいえば、メンバーに対して、「うちの理念はこういうものだ。それに共感できなかったら、辞めてもらうしかないな」というのが支配。一方、「そんなことを考えていたのか。その意見も取り入れて、組織づくりをあらためて考えてみよう」というのが受容です。

この場合の支配には、排他的な姿勢に対するメンバーの反感や独善性を嫌っての離職といったことがともないそうです。また、受容は組織としての揺らぎ、そのことによるパワーの弱体化を孕んでいます。

対外的なことで考えると、

「うちが提供するサービスはこれです。受けられますか？　受けられませんか？」というのが支配。顧客の要望に応えて、サービスをカスタマイズする、というのが受容にあたります。

ここでの支配には顧客を限定してしまうという問題がありそうですし、受容には対応の煩雑化、時間や手間の増加が避けられないでしょう。

これもまた、リーダーにとっては葛藤のタネになります。

論理と感覚は、文字どおり、論理的に考えたときと、感覚的に捉えたときの戦略や手法の違い。どちらにするか。リーダーは葛藤せずにはいられません。

もちろん、リーダーは組織を引っぱっていく立場にありますから、こうした葛藤はメンバーを含めた組織全体が抱える葛藤でもあります。心しておいていただきたいのは、葛藤する局面はリーダーの悩みどころであると同時に、いかにリーダーシップを発揮するかの正念場でもあるということです。

「ここいちばん、リーダーとしての自分が問われている」

そんな感覚を持っていただきたい、と思います。葛藤のなかで、四つの軸のそれぞれどの地点に着地するか、それを指し示すのがリーダーの決断です。

◆葛藤はORではなく、ANDで乗り越える

葛藤のなかにあってどんな決断を下すか。ここでリーダーがまず考えるべきは「OR」ではなく、「AND」の道を探ることです。つまり、組織か業績か、長期か短期か……のどちらか一方をとるのではなく、両立させるような方策はないかを検討するのです。

組織のパワーを落とさずに業績をあげる手立てはないか、長期の視点と短期の視点が矛盾せず、合致するような戦略の立て方はないか……。

そのためには、発想を変えてみる、別の観点から見直す、といったことが必要になりますが、そうすることで組織も業績もともに向上するという方向が見出せることもあるでしょう。業績をあげながら人材を育てていくという、いわば真逆の項目の両方にとって〝Win-Win〟の施策を実行している組織も事実あります。

ただし、両立を求めて中途半端に陥ることは避けなければいけません。業績も大事、組織の人材育成も大事だから、五〇対五〇のバランスでいくというのは、易きに流れている

だけに過ぎません。まさに〝玉虫色〟の決着、決断です。これが虻蜂取らずに終わることは、まず、間違いのないところ。どちらに力点、重点を置くかをはっきり示してこそ、リーダーの決断といえるのではないでしょうか。

加えて、できれば、時間軸というものを考え合わせて決断しましょう。一定期間は、たとえば組織に力点を置いたマネジメントをおこない、次は一定期間、業績に重点を置いたマネジメントをおこなうというふうにするのです。

どこで転換をおこなうか、その状況判断は難しい面がありますが、振り子のように力点、重点を変えながらマネジメントしていくこと、自分のチームにあわせてバランスをとることで両立しやすくなるでしょう。

もちろん、両立は不可能だと判断したら、「OR」を採択する以外にありません。この場合に必要なのは、全責任をリーダーが負うということです。

◆事例——赤字覚悟で「組織」に注力

二〇一四年に、弊社は首都圏と関西、東海圏に分かれて運営していた中小ベンチャー企業向けのコンサルティング部門を統合し、東名阪を一括して運営するための組織改編をおこないました。

当時、関西、東海圏の中小ベンチャー企業向けの部隊の業績が上がっていなかった、ということが、改編をおこなったいちばん大きな理由です。

赤字続きのなかでとっていたのが、徹底したコスト削減でした。たとえば、月末の会議でも交通費がもったいないからと、本来合同でやるべきところを、大阪は大阪、名古屋は名古屋と、別個におこなっていたのです。

一体であるべき組織が分断される形になっていたわけですから、組織としての一体感は損なわれていました。ここは、業績はひとまずおいて、組織に振り子を振りきるべき状況です。

このとき決断したのは、三カ月間は赤字が増えることを覚悟して、「組織」を立て直すという施策でした。具体的には部門のメンバー全員が東京に集まり、コミュニケーションをとるということです。交通費、宿泊費などそのためのコストは嵩《かさ》みましたが、そこはトップに目をつぶってもらいました。

三カ月間はやはり、さらなるマイナスが出ました。しかし、十分なコミュニケーションをとるなかで、事業再建に向けた戦略への納得感が生まれました。また、一体感が醸成されたことでメンバーのモチベーションは上がっていきました。結果として、業績はしだいに回復していきました。そこからは、「業績」に振り子を振る時期です。コストを抑えながら、業績に注力しました。

こうして立て直された組織はその状況に十分に応え、業績は堅調に回復軌道を進んでいきました。赤字覚悟の合同会議がきっかけとなり、組織は大きく変わっていったのです。

組織に所属する人のモチベーションがどれだけ組織のパワーに影響するか、身をもって体験すると同時に確信を強めた出来事でした。

正解は探すのではなく、創るもの

◆すべての決断には五一％のメリットと四九％のデメリットがある

この章の冒頭で、正解を探すことが決断を先送りさせているという話をしました。しかし、一つの結論をいってしまえば、決断に正解などないのです。

正解というのは、メリット一〇〇%、デメリット〇%ということ――そんなことあるはずがないと、私は考えています。

メリット七〇%にデメリット三〇%、メリット八〇%にデメリット二〇%というケースもあるでしょうが、そのケースでリーダーは葛藤しますか? メリットが七〇%、八〇%なら、誰が考えたってそちらをとるに決まっています。リーダーが葛藤することはないし、その場合「決断を迫られる」という場面ではないでしょう。簡単な判断です。

現実にリーダーが頭を悩ませるのは、微妙できわどい、はっきりしない状況で物事を決めるときでしょう。決断とは、そういうものです。つまり、決断しなければならない状況では、メリットとデメリットが五一対四九という、ほぼ均衡した状態にあるといえます。

となると、いってみればどちらに転ぶかわからない、そんな場面で時間をかけて考えることに意味があるでしょうか?

いくら考えても、この均衡状態は変わりません。だとすれば、時間をかけること、決断を先送りすることは意味がないと思いませんか?

ここに、決断するうえできわめて重要なポイントが隠れています。

◆「良い決断」「正しい決断」をするよりも、「速く」「強く」決断する

決断するうえでのポイントは二つあります。一つは「速く」決断すること、もう一つは「強く」決断することです。

速く決断すれば、その分時間が稼げます。五一％のメリットを六〇％、さらに七〇％、八〇％に引き上げるための方法を考え、実行する時間ができるわけです。

ちなみに決断については、「ファーストチェス理論」という考え方があります。ファーストチェスとは、チェスを競技する際の「五秒以内に打つ」というルールを指します。「ファーストチェス理論」では、「五秒で考えた手」と「三十分かけて考えた手」は、実際のところ八六％が同じ手であることが実証されているといいます。

また、強く決断することで、リーダーのその決断に対する意志や覚悟がメンバーに伝わります。

「おい、リーダーは本気だぞ。腹を括っている」

と受けとめたメンバーのモチベーションが上がることは、いうまでもないでしょう。

あるインターネット系の会社で、トップが事業転換を決断しました。

当初は、デメリット部分がどっと表出しました。売上が落ちる、顧客からのクレームがくる、結果として業務ボリュームが膨れ上がる……などが相次ぎ、メンバーの視線はそこに集中するようになりました。

「何でこんな決断をしたのだ。売上が落ちているし、目的だった顧客の獲得だってままならない状態じゃないか……」

メンバーがこんな思いで頭をいっぱいにしていては、四九％のデメリットが増幅していくだけです。リーダーの「決断」に対するメンバーの受けとめ方、向き合い方を修正する必要がありました。

そこで、メンバーを集めての総会で私がお話ししたのが「メリット五一％、デメリット四九％」の話でした。

どんな決断も五一％のメリットと四九％のデメリットがあるのだから、その決断に対して、どう感じるかはいろいろあっていい。しかし、いったん決断が下されたら、もう、やるしかないのだ。決断を成功に導くか、失敗に終わらせるかは、ひとえに「やるか、やらないか」にかかっているのだ。

そんな内容の話をしたと思います。それまで四九％のデメリットの側にどっぷりつかっていたメンバーは、そこからメリット側に目を向け、行動をシフトし、メリットの最大化に向けて動き出しました。事業転換はスムーズに進みだしました。

このケースが示唆しているのは、決断における正解はみんなが創り出していく以外にないということです。

◆全員当事者の組織と、一人で決断できるリーダー

最終的な決断はリーダーが一人でおこなう。

これが決断するときの鉄則ですが、それまでに必要な情報を集めることも大切ですし、メンバーと議論を重ねることも大いに意義があります。

決断をする前に正解が決まっているのではなく、決断をした後にどう動くかで、正解になるかどうかが決まる――。

その考え方に従えば、「どのような決断をするか？」だけでなく、「どのように決断をするか？」も重要です。

時には、リーダーの中で結論が出ていたとしても、メンバーに会議に参加してもらい意見をいわせることが、メンバーの視野を広げ、意識を高めることに繋がります。

とくに意見をいわなくても、その場にいて、みずから賛成の意を表して決まったことには、〝当事者〟として向き合えます。当事者と部外者では、意欲にもモチベーションにも、断然差があります。その意味でも、当事者になるべき人を集めた議論の場、会議の場を設けることは、決断までの過程で欠かせない要件といっていいでしょう。弊社も「当事者意識」をもたせることを、社内で徹底的にやっています。

また、メンバーを、決断に対してあれこれ批判する評論家にしないためのもっとも有効な方法としても、当事者意識を持たせることは強い効果があります。

ただし、決断は出来得る限りリーダーが一人ですべきです。なぜでしょうか。

責任の所在がはっきりするからです。日本の企業ではよく、「会議で決まったことだ」というい方をしますが、これでは「決断したのは会議」といっているのと同じです。いったい誰に責任があるのかが非常に不明確ですし、責任者不在の決断では、メンバーに訴えるパワーがないことは明らかです。

たくさんの組織のなかには、決断をメンバーに委ねるところもあるようですが、これは百害あって一利なしといえます。「みんなで決める」とか「全員の総意による決断」というといかにも民主的に聞こえますが、その内実は責任の押しつけ合い、逃れ合いの様相を呈することがほとんどです。

たとえば、営業部門においてメンバーの数値目標を「みんなで決める」となると、こういうことになります。

「○○さんはもう少しいけるでしょう?」

「いやいや、そちらは大きな受注が入るって聞きましたよ。この数字はあまりに低すぎやしませんか?」

低い数字をめぐっての攻防です。誰もが高い目標を提示して、それが達成できなかったときの責任をとるのが嫌だからです。その決断の中身がどんなものになるかは、推して知るべしでしょう。組織という点からいっても、弱い組織であるという感は否めません。

それよりも、

「俺がこう決めた。みんな、これにしたがってやって欲しい。結果については、全責任を俺がとる」

そんなリーダーの言葉のほうがどれだけ、メンバーが結束し十分な能力を発揮できるでしょうか。だから、責任とそれに伴う孤独を一人で背負っていかなければいけないのです。

一方で、その対極にいるのがこんなタイプのリーダーです。

リーダーが下した決断を実行していくメンバーは、その過程でさまざまな問題にぶつかることがあるでしょうし、疑問が湧き起こってくることもあるはずです。

そのときに、原点である決断に立ち戻って、リーダーにその中身について再確認するなどの必要が出てくるかもしれません。そこで、リーダーの対応が、

「ごめん、ごめん、俺ちょっとわからないんだ。上に確認しておくよ」

というものだったらどうでしょう？　百歩譲って、その決断がトップダウンでもたらされたもので、リーダーはそれをそのままメンバーに伝えただけだったとしても、メンバーはそんなところまで斟酌《しんしゃく》はしません。リーダーがその責任において下した決断だと受けとっています。このときのメンバーの思いは、容易に想像がつくところでしょう。

「なんだよ。この人に何をいっても意味ないな」

「トップと直接話をさせてもらわなければ、何も始まらないってことか」

このタイプのリーダーはさらに、メンバーから突き上げられたりすると、

「俺もそう思うんだけど、何しろ上が決めたことだからさ……」

と逃げてしまいます。メンバーにとってもっとも歓迎すべからざるリーダーが、このタイプのリーダーです。

たとえ上からのゴリ押しだろうと、いったん自分が受け入れたことは、自分の決断としてメンバーに通達し、結果の責任をまっとうする。それが組織を預かり、率いるリーダーの本分であり、本来求められている役割です。

◆事例――トップ経営者の「速さ」へのこだわり

ソフトバンクグループの総帥である孫正義さんは、決断が速いことで知られています。

会議で取り上げた議案は、その会議中に決着させるのが孫さん流です。結論を出すには情報や材料が必要ですが、その場にそれらを持っているメンバーがいないと、社内のあらゆる手段を使って本人を探し、そこに呼ぶのだそうです。時には、会議が終わるころには会議室いっぱいに人が入っているということもあるようです。

相手が会議中だろうが、海外出張中だろうがお構いなしとのことです。

速く決断することが、その後、どれほど大きなメリットをもたらすかを知り尽くしている。孫さんは、間違いなく、そんな経営者の一人でしょう。

終章

それでも私は組織に夢を見る

「組織変革」という戦いが始まる

◆組織は人を幸せにするか、不幸にするか

今、多くの企業が組織・人に大きな課題を抱えています。

みなさんの会社や部署でも、大なり小なり思い当たるところがあるのではないでしょうか。

リーダーの人たちと話をすると、悩んでいること、苦しんでいること、つらいこととして、真っ先にあがってくるのは、「メンバーとの関係がギクシャクしている」「メンバーが自分を理解してくれない」「思うように動いてくれない」「メンバーに嫌われている」……といったことです。一方で、メンバーの人たちと話をすると「リーダーとうまくいっていない」「リーダーが自分のことをわかってくれない」「リーダーの考えていることがわからない」……といったことです。

リーダーとメンバーがネガティブな関係にある。

これが、多くの組織の実態だといっても過言ではないと思います。ビジネスパーソンは

一日のうち少なくとも八時間程度は組織のなかで過ごしていますので、その組織がうまくいっていなかったり居心地が悪かったりすれば、心身両面にかかる負担は大きなものとなります。

組織が人に与える影響は、考えている以上に大きいのです。

私はこう思います。本来、組織には「みんなで何かを成し遂げる喜び」とか、「同じ目的に向かってともに進んでいく連帯感」とか、「人を幸せにしてくれるもの」があるはずです。それらは個人では得られない、組織だからこそ得られる、かけがえのないものだと思います。

しかし、今は逆転現象が起きています。組織が人を悩ませ、苦しませ、不幸にもしている。組織は本来の姿からほど遠いものとなっているのです。

組織を本来の姿に戻さなければいけない。組織に属する一人ひとりが、組織によって幸せをたくさん感じることができるようなものに変えていかなければならない――そう思って仕事をしてきましたが、日々、さまざまな企業や経営者と出会うなかで、それが一朝一夕で成し遂げられる簡単なことでないことも強く感じています。

◆ピラミッドの石を積みながら人びとは何を思っていたか

組織がうまくいかない。この悩みはおそらく、人類が古代から抱え続けてきた悩みでしょう。たとえば、エジプトのピラミッド建設は、大勢の人の集団、すなわち組織が成し遂げた偉大な仕事ですが、きっとそこにはすでに組織の悩みがあったに違いありません。

ピラミッド建設といえば、大変な仕事です。あんな大きさ、あんな形状のものをつくるのも初めてですし、あれだけの労働力を投入するのです。簡単にいくはずはありません。建設を命じた王は作業に従事する人を見て、「もっと、ちゃっちゃと石を運べよ。積み方がそんなに雑じゃダメだろ」などと思っていたはずですし、作業する人は、「なんで、俺たちが石なんか運ばなければならないんだ。どうして、積み方があだこうだといわれなければいけないんだ。どんな意味があるんだよ」という思いがあったでしょう。

この構図は、今の組織におけるリーダー対メンバーにもピタリとあてはまります。「もっとがんばらなきゃダメだろう」（リーダー）、「なんで、こんな仕事をしなきゃいけないんだ」（メンバー）。まるでそのままです。

人と人が集まって何かを成し遂げようとするのですから、さまざまなことが起こるのは当然といえば当然でしょう。しかし、古代から現代にいたるまでずっと、組織で問題が存在していたとなると、それはつまり問題が解決されないまま、時代を超えて脈々と持ち越されてきたことを意味します。

組織を考えるときに見落とされた「一点」があった。それが、組織についての人類の悩みが持ち越されてきた最大の理由です。

その一点とは、「人は感情で動く」ということ。

経営学が組織を考えるうえで、人の感情というものに目を向けるようになってから、おそらく一〇〇年は経っていません。それまでは、どんな組織論も、それを組み立てるに際して「人の感情」は埒外に置かれていたのです。

ようやく組織にとって人の感情が大きな要素であることが認識され、また、研究されるようになったのは、組織の問題解決に向けての大きな一歩でした。しかし、たかだかまだ一〇〇年未満です。組織がさまざまな角度から解明され、問題が炙《あぶ》り出され、その解決策が提示されていくのは、まさしく、これからだと思います。

◆組織専門のクリニックができる時代

私が組織の問題を考えるとき、イメージするのは医療です。西洋医療が著しい進化を遂げたのもここ一〇〇年。そこで起きたのが死者の数の激減です。ペニシリンが発見されたのは一九二八年ですが、この抗生物質によってどれほどの命が救われることになったかは、あらためていうまでもないでしょう。

今では、先進国にかぎっていえば、どこの国のどの病院に行っても、ある一つの症状に対して同じ診断が下され、同じ医療措置が施されます。今、グローバルスタンダードということがさかんにいわれていますが、医療の世界ではすでにそれが確立されている、といっていいでしょう。

組織にも同じことが起きる、と私は思っています。医療が身体のメカニズムを解き明かし、病気を体系化し、それぞれに対する治療法をつくり出したように、組織についてもメカニズムの解明、問題の体系化、解決策の開発、創出という流れが生まれ、その流れが加速していくのではないでしょうか。

人間の身体が複雑で精緻なメカニズムを持っているように、組織のメカニズムも複雑で繊細です。その解明が進むにしたがって、新たな問題点も次々に明らかにされることになるはずです。そして、その解決策も見つけ出されるでしょう。

私はこんな未来予想図を思い描いています。

企業の内部に、あるいは外部機関として、いわば、組織の問題の〝専門クリニック〟のようなセクションが設けられ、問題が発生したときには、そこに駆け込めばたちどころに正しい診断と処方がおこなわれる。しかも、そのセクションは企業の浮沈を決めるほど重要なものとなる……。

今はその端緒についたところだ、というのが私の感触です。日本での西洋医療の黎明期は江戸後期。適塾を開いて人材育成につとめた緒方洪庵らが活躍した時代ですが、私たちがやっているのは、ちょうどその段階と同じような組織へのアプローチだという気がします。

時計の針を一〇〇年先に進めて、現代を振り返れば、

「へぇ、あの頃は組織改革にこんな手法を使っていたのか。牧歌的というか、原始的というか、今では考えられないね〜」

専門クリニックのスタッフはそんな感想をもらすのではないでしょうか。

人間がいるかぎり身体にまつわる問題がなくならないように、組織があるかぎり、組織の問題点もまた完全に払拭されることはないでしょう。それを解決する手法や技術の開発

は、永遠に必要とされるテーマです。

◆今こそ、日本を「人づくりの国」へ

日本のこれまでの経済発展を支えてきたのは、人の力、人材の力です。豊富な天然資源に恵まれているわけでもなく、広大な土地があるわけでもないこの島国は、戦後の瓦礫《がれき》のなかから、世界が目を見張るほど驚異的な立ち直りを見せました。

それを支えていたのは、総じて教育水準が高く、一様に勤勉な日本「人」の力でした。

日本の資源はなんといっても「人」です。その貴重な、類いまれなる資源である「人」を生かすメカニズムが「組織」だといっていいと思いますが、現在、組織のモデルケースとなっているのは多くはアメリカの企業です。世界のなかで第二次産業の製造業が主役だった時代には、ホンダ、ソニーといった日本企業の組織づくりに世界の注目が集まったものですが、第三次産業が産業の主役になった現在、アメリカに一歩も二歩も先んじられている、というのが実情でしょう。

事実、私がかかわっているIT系、インターネット系の企業が参考にしているのは、シリコンバレーの企業です。

正直、私は、これがおもしろくない。非常に残念です。

しかし、盛り返す余地は十分にあると思っています。日本人は「和」を重んじる民族です。和なくして組織は成り立ちません。その意味では、日本にはそもそもアドバンテージがある、といっていいはずです。

そのアドバンテージのうえに、日本型の組織づくり、人づくりを考えていく。

私たちはすでにモチベーションということを核に据えて、そこに踏み込んでいますが、道半ばというのが正直なところです。しかし、最後に断言しましょう。

日本の組織づくり、人づくりが世界を引っぱる時代は、必ず、やってきます。

組織に悩んでいる？　それなら「日本に学べ」――。それが、世界各国の企業の合い言葉になる日まで、まだまだやるべきことは山積しています。

編集協力　コアワークス

PHP
Business Shinsho

麻野　耕司（あさの・こうじ）
(株)リンクアンドモチベーション　執行役員。1979年兵庫県生まれ。慶應義塾大学法学部卒業。2003年(株)リンクアンドモチベーション入社。大手企業向けコンサルティング業務、人事マネジャー、社長室マネジャーを経て、中小ベンチャー企業向けコンサルティング事業の執行役員に当時史上最年少で着任。気鋭の組織変革コンサルタントとして注目を集める。「組織風土」「人事制度」「人材開発」「人材採用」といった総合的な切り口から組織変革を手がけている。2013年には、成長ベンチャー企業向け投資事業を開始。複数の企業の社外取締役、アドバイザーを務める。

PHPビジネス新書 340

すべての組織は変えられる
好調な企業はなぜ「ヒト」に投資するのか

2015年9月1日　第1版第1刷発行
2015年10月23日　第1版第3刷発行

著　者　麻野耕司
発行者　小林成彦
発行所　株式会社PHP研究所
東京本部　〒135-8137　江東区豊洲5-6-52
ビジネス出版部　☎03-3520-9619(編集)
普及一部　☎03-3520-9630(販売)
京都本部　〒601-8411　京都市南区西九条北ノ内町11
PHP INTERFACE　http://www.php.co.jp/
装　幀　齋藤 稔（株式会社ジーラム）
組　版　朝日メディアインターナショナル株式会社
印刷所　共同印刷株式会社
製本所　東京美術紙工協業組合

ISBN978-4-569-82615-8

「ＰＨＰビジネス新書」発刊にあたって

わからないことがあったら「インターネット」で何でも一発で調べられる時代。本という形でビジネスの知識を提供することに何の意味があるのか……その一つの答えとして「**血の通った実務書**」というコンセプトを提案させていただくのが本シリーズです。

経営知識やスキルといった、誰が語っても同じに思えるものでも、ビジネス界の第一線で活躍する人の語る言葉には、独特の迫力があります。そんな、「**現場を知る人が本音で語る**」知識を、ビジネスのあらゆる分野においてご提供していきたいと思っております。

本シリーズのシンボルマークは、理屈よりも実用性を重んじた古代ローマ人のイメージです。彼らが残した知識のように、本書の内容が永きにわたって皆様のビジネスのお役に立ち続けることを願っております。

二〇〇六年四月

ＰＨＰ研究所